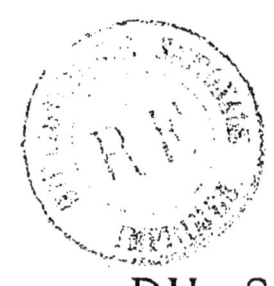

GÉNÉALOGIE

DU SCULPTEUR PFAFF

SA VIE, SES ŒUVRES

1712

GÉNÉALOGIE

DU

SCULPTEUR PFAFF

SA VIE, SES ŒUVRES

PAR

Ch. WIGNIER DE WARRE

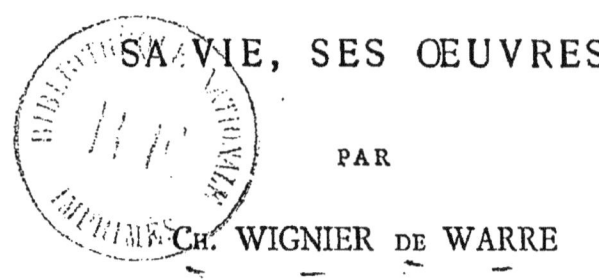

CHEVALIER DE L'ORDRE PONTIFICAL DU SAINT-SÉPULCRE

LAURÉAT ET MÉDAILLÉ DE DIVERSES SOCIÉTÉS SAVANTES

MEMBRE ET TRÉSORIER DE LA SOCIÉTÉ D'ÉMULATION D'ABBEVILLE

MEMBRE ET TRÉSORIER DE LA COMMISSION ADMINISTRATIVE DES MUSÉES D'ABBEVILLE

ET DU PONTHIEU, ETC.

ABBEVILLE

IMPRIMERIE FOURDRINIER ET Cie

1897

Tiré à Cent exemplaires

La première édition de cet ouvrage, qui parut en 1894, fut légitimement accueillie du monde des travailleurs.

Des renseignements nombreux et importants ayant été communiqués à l'auteur, M. Wignier forma dès lors le projet de refondre sa première étude et de lui donner tout le développement qu'elle comportait.

Malgré la maladie qui devait l'emporter, il se mit courageusement à l'œuvre avec une véritable ardeur, car il ne se faisait point d'illusion sur sa fin prochaine, qu'il considérait, du reste, avec la sérénité du sage ; il savait qu'il laisserait après lui le souvenir d'une existence bien remplie.

Jusqu'à son dernier jour, M. Wignier n'a cessé de s'occuper de son ouvrage. Deux feuilles étaient imprimées lorsqu'il mourut. Mais il avait prié son fils de faire continuer l'impression de ce livre.

M. Fernand Wignier considéra comme un ordre le désir exprimé par son père, et me demanda de surveiller les épreuves de cet ouvrage posthume.

Les devoirs de l'amitié m'en imposaient l'obligation.

J'avais été bien des fois témoin de la joie éprouvée par mon vieil ami lorsque des communications lui étaient faites par ses aimables correspondants ; il me tenait au courant de toutes les découvertes d'œuvres d'art exécutées par Pfaff ou de documents concernant ce sculpteur ou les membres de sa famille.

Dans mes visites quotidiennes, il me donnait lecture de ce qu'il avait fait la veille. Malgré le mal qui le minait et qui fit de si rapides progrès dans les derniers temps, il parlait toujours longuement et avec feu de son héros.

Je dois déclarer que j'ai scrupuleusement respecté le texte de l'auteur pour l'impression de ce livre.

Puisse cette dernière publication de l'un de mes meilleurs et de mes plus fidèles amis être accueillie comme elle le mérite.

Je me féliciterai, pour sa mémoire, des suffrages qu'elle lui méritera.

ALCIUS LEDIEU.

OBSÈQUES DE M. Ch. WIGNIER

———

Le mardi 26 janvier 1897 avaient lieu les obsèques de M. Charles-Arthur-Achille Wignier, décédé à l'âge de soixante-deux ans. L'assistance nombreuse qui l'accompagna à sa dernière demeure témoignait des regrets que cette mort causa.

Les cordons du poêle étaient tenus par M. Ém. Delignières, président de la Société d'Émulation, P. Blain, membre de la commission des Musées, P. de Vicq, membre de la Société philharmonique, Alcius Ledieu, ami du défunt, Ch. Bellart et H. van Robais.

Au cimetière, M. Ém. Delignières, ami d'enfance du défunt, prononça le discours suivant :

Vous me permettrez, Messieurs, de vous retenir ici quelques instants encore ; j'ai, en effet, à payer à la mémoire de M. Charles Wignier une dette bien ancienne déjà, celle de l'ami d'enfance, du camarade des premières années du collège et de l'école de musique ; je tiens à rappeler, à ce moment suprême des derniers adieux, les bons sentiments du cœur de celui qui n'est plus. J'ai à m'acquitter d'une autre dette, tant en mon nom, celle-là, qu'en celui de mes collègues de la Société d'Émulation et d'autres Sociétés, en exprimant nos regrets de sa perte et en rappelant ses aptitudes multiples et ses écrits, en même temps que les services rendus.

M. Wignier, depuis nombre d'années, avait pris une part active aux travaux de notre Compagnie. Dès 1876, encouragé par des botanistes distingués, il avait repris et développé ses premières études dans cette branche des sciences naturelles et, à son entrée dans la Société d'Émulation, en 1877, il publiait dans nos mémoires, en collaboration avec

M. de Vicq, un *Catalogue raisonné des mousses de l'arrondissement d'Abbe-ville ;* il était membre de la Société botanique de France et de la Société linnéenne du nord de la France.

Son esprit toujours en éveil, son goût qu'il tenait de son père pour les collections en général l'avaient amené ensuite à s'occuper activement de la céramique ; il s'était bientôt attaché à réunir un très grand nombre de spécimens de cette industrie dans notre contrée ; sa maison ne tarda pas à se remplir de poteries du plus haut intérêt, et il avait appris à en exécuter et à les illustrer de dessins curieux et originaux qu'il composait lui-même. Sa monographie sur *la manufacture de faïences de Vron,* publiée en 1879, et enrichie de planches de M. Ris-Paquot, eut un légitime succès, non seulement à Abbeville, mais aussi à Paris où il était apprécié, notamment par Champfleury, avec lequel il correspondait. D'autres ouvrages du même genre se suivirent en 1887 sur *les Poteries vernissées de l'ancien Ponthieu,* illustrées de nombreuses planches de sa main, et, en 1890, sur *les carreaux vernissés du Ponthieu du XIIᵉ au XVIIᵉ siècle.*

Plus tard (car il savait varier ses sujets d'études), frappé de la beauté des ouvrages de sculpture d'un artiste étranger, le baron Pfaffenhoffen, venu dans notre pays par suite de circonstances toutes romanesques, il retraça, lors du Congrès tenu à Abbeville en 1893, toutes les phases de son existence aventureuse, et il nous fit connaître les œuvre de ce sculp-teur à Abbeville, à l'abbaye de Valloires et ailleurs. Ayant retrouvé depuis de nouveaux documents, avec cette conscience et cette tenacité dans les recherches qui le caractérisaient, il avait entrepris une édition plus complète de son ouvrage ; il y a peu de jours encore, malgré la maladie cruelle qui le minait, il en corrigeait les épreuves, espérant tou-jours mener cette publication à bonne fin ; Dieu ne le lui a point permis ! Mais son fils, pour lequel il avait tant de sollicitude, et qui a hérité de ses aptitudes, saura, nous n'en doutons pas, achever l'œuvre com-mencée ; il aura, pour l'aider dans ce pieux devoir, l'appui de notre érudit collègue, M. Alcius Ledieu, l'ami aussi et le confident de son père.

Je ne parle pas, Messieurs, des communications que nous faisait notre collègue de la Société d'Émulation sur des sujets d'histoire et d'archéo-logie locales ; le relevé en viendra à son heure. Mais là ne se bornaient pas l'intérêt et le dévouement qu'il portait à notre Compagnie ; nommé Trésorier en 1889, nous savons avec quel soin et, je dirai même avec quelle minutieuse exactitude il tenait notre comptabilité ; aussi, des remerciements lui étaient-ils encore votés à ce sujet dans notre dernière séance. J'en dirai autant pour l'administration de nos musées dont il faisait partie, également comme Trésorier, depuis trop peu d'années, et dont les belles collections l'intéressaient vivement.

M. Wignier était également bien doué pour les arts ; il avait une réelle aptitude pour le dessin et elle l'aida beaucoup dans ses études sur la céramique. Il était aussi bon musicien ; la Société philharmonique le comptait parmi ses administrateurs depuis sa reconstitution, dès 1862 ; il en était en même temps le Trésorier actif et il fut pendant de longues années l'un des membres assidus de l'orchestre dans les premiers violons où son fils tient aujourd'hui sa place. Aussi, et au nom de M. le comte Sosthène de Valanglart, notre digne et dévoué Président, empêché, bien malgré lui, de se joindre ici à nous, et de nos autres collègues, j'adresse encore à notre bon collaborateur de longue date la sincère expression de nos plus profonds regrets.

Mais ce que je tiens surtout à rappeler, Messieurs, en terminant, ce sont les qualités morales de l'ami, du collègue que nous venons de perdre ; il avait profond lé sentiment religieux, il l'affirmait hautement, et, en outre de la distinction qu'il en reçut il y a déjà bien des années, Dieu saura le récompenser là-haut de tout ce qu'il a fait pour plusieurs institutions pieuses de notre ville en vue d'y maintenir et d'y raviver la foi. Je mentionnerai enfin son dévouement dont il a donné, je puis le dire, tant de preuves, à moi comme à bien d'autres, dans tout le cours de sa vie. Des amis de cinquante ans, il n'en est plus guère, aussi est-ce avec un grand sentiment de tristesse que je vois disparaître un des derniers !

Adieu donc, mon cher Wignier, adieu, ces bonnes causeries intimes et de cœur avec toi ; adieu, ces souvenirs d'enfance souvent évoqués entre nous dans un abandon mutuel ; adieu, ces entretiens sur l'organisation et l'avenir des Sociétés locales dont nous faisions tous deux partie. Tu ne verras pas cette fête du centenaire de notre vieille Société d'Émulation toujours active, toujours vivante, toujours renouvelée ; mais ton souvenir n'y restera pas oublié, j'en suis certain, et ton nom y sera rappelé parmi les meilleurs disparus.

Et maintenant, cher ami, il faut se quitter, mais avec la confiance dans une autre vie. Adieu, Wignier, adieu !

(Bulletin de la Société d'Émulation d'Abbeville, 1897, n° 1.)

AVANT-PROPOS

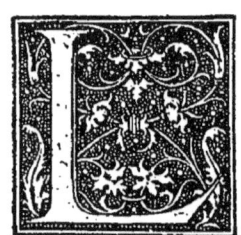A ville d'Abbeville, si féconde en
artistes, comptait dans son sein, vers la
moitié du siècle dernier, un statuaire
célèbre, dont nous voyons encore deux
belles statues en marbre blanc dans
l'ancienne collégiale de Saint-Wulfran.

Ce sculpteur était connu dans notre localité sous le
nom de Pfaff. Bien que d'origine étrangère, son long séjour
dans notre ville, authentiquement constaté pendant vingt
ans, lui donne en quelque sorte le droit de cité que nous
venons réclamer pour lui, avec celui de figurer parmi les
sculpteurs abbevillois.

Les historiens nous ont laissé pour tout renseignement
qu'un nommé Pfaff, Pfaffenhoffen, baron allemand exilé
par suite d'un duel, était venu se fixer à Abbeville vers
1750, et qu'il était l'auteur de deux belles statues qui
ornent actuellement le chœur de Saint-Wulfran, après
avoir été enlevées de l'abbaye de Valloires lors de la
révolution.

Nos recherches, depuis de longues années, dans les mairies, les greffes, les offices ministériels et les archives nationales et autres dépôts, nous ont fait découvrir des documents qui nous ont aidé à retracer les œuvres et les monuments de ce célèbre sculpteur. Quelques-uns pourront être retrouvés un jour à venir, d'autres qui ont pu disparaître pendant la tourmente révolutionnaire seront décrits. Certainement, malgré nos consciencieuses recherches, bien des travaux de ce sculpteur ont dû nous échapper ; néanmoins, ceux que nous signalons ont fait l'admiration des connaisseurs de l'époque, et leurs élogieuses appréciations placent à ce moment le sculpteur Pfaff à la hauteur des Blasset, des Cressent et des Dupuis.

Le bienveillant accueil que les artistes et les amateurs ont bien voulu faire à notre notice sur le sculpteur Pfaff[1] nous a encouragé à tenter de nouvelles recherches sur ses origines et de nouveaux efforts pour découvrir d'autres de ses travaux.

Nous témoignerons d'abord toute notre gratitude à M. Le Normand, contrôleur Général de l'armée, qui a bien voulu nous communiquer de précieux documents sur la famille du sculpteur Pfaff. Nous remercions aussi le R. P. Beaumert, supérieur de l'abbaye de Valloires, le R. P. Œgidius, de Vienne (Autriche), M. Robert Soleau, qui a bien voulu nous donner son intéressant travail sur les

---

1. Honorée d'une médaille d'argent au Congrès de la Société française d'archéologie, tenu à Abbeville en 1893, et parue dans les *Mémoires de la Société d'Émulation d'Abbeville*, tome IX, 4ᵉ série, 1894.

faux assignats; M. Charles Inama de Sternegg, lieutenant impérial-royal au régiment des chasseurs tyroliens Empereur; M. l'abbé Bouthors, aumônier de l'hôtel-Dieu de Saint-Riquier, pour ses recherches et ses photographies concernant Saint-Riquier; M. Alcius Ledieu, bibliothécaire et conservateur des musées d'Abbeville, dont l'érudition et l'obligeance sont connues de tous; notre ami d'enfance, M. E. Delignières, président de la Société d'Emulation d'Abbeville, etc., ainsi que toutes les personnes qui ont bien voulu nous communiquer des renseignements.

Ch. Wignier de Warre.

PREMIÈRE PARTIE

Simon-Georges-Joseph PFAFF

SA VIE SES ŒUVRES

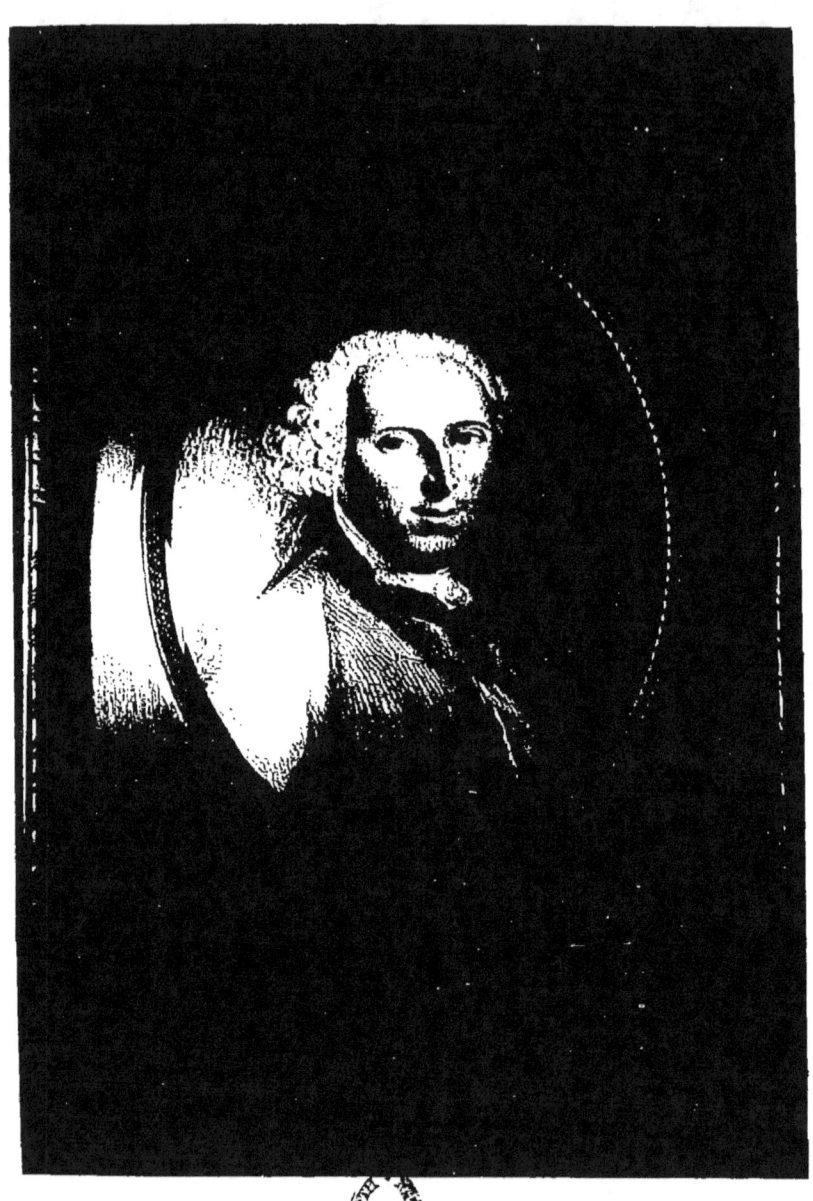

SIMON - GEORGES - JOSEPH

COMTE DE PFAFF ET DE PFAFFENHOFFEN

Libre et immédiat du Saint Empire Romain

1715 à 1784 (le sculpteur)

PFAFF

SA VIE, SES OEUVRES & SA GÉNÉALOGIE

IMON-GEORGES-JOSEPH PFAFF naquit en 1715, paroisse de Saint-Michel, à Vienne (Autriche). Il était fils de Jean, chevalier, baron de Pfaff, des barons de Pfaffenhoffen libres et immédiats du Saint-Empire Romain (ancien empire d'Allemagne), conseiller aulique, secrétaire intime de Sa Majesté Impériale, Royale et apostolique, et de dame Barbe, née comtesse de Coffier, Hinterlanguême, gouvernante de Sérénissime archiduchesse épouse de Sa Majesté l'Empereur [1].

1. D'après le registre de catholicité ; mais sur le contrat de mariage passé à Abbeville devant Me Watel, notaire à Abbeville, le 21 mai 1751, actuellement étude de Me Huré, notaire à Abbeville, en la maison ayant pour enseigne le Bar, elle est désignée sous le nom de Barbe Sindarlangin, ce qui est conforme à la généalogie. (Voir 2e partie du volume.)

Dans ce même acte, Simon-Georges-Joseph Pfaff est porté résidant à Saint-Riquier depuis un an, ce qui établit bien son arrivée dans notre région vers 1750.

Vers 1750, Pfaff, alors âgé de 35 ans, vint en France, par suite d'un duel dans lequel il avait tué son adversaire. Il avait dû s'expatrier; tous ses biens furent confisqués après sa condamnation par défaut. Pour vivre, il eut alors recours aux arts libéraux qu'il avait cultivés dans sa jeunesse. En Autriche, il était d'usage dans la noblesse que les cadets apprissent une profession, afin qu'ils pussent subvenir à leur existence, le droit d'aînesse les privant de la majeure partie de l'héritage paternel.

A partir de 1752, Pfaff s'établit sculpteur à Abbeville. Il vécut alors en simple particulier, renonçant à porter ses titres de noblesse; nous avons vu maintes fois sa signature libellée S. Pfaff; c'est ainsi que nous le désignons, voulant respecter son humilité. Il était baron de Pfaff des barons de Pfaffenhoffen, comme l'on pourra s'en assurer par les pièces justificatives relevées aux Archives nationales et autres que nous donnons à la suite de notre travail.

Nous trouvons d'abord Pfaff à Saint-Riquier, où il se marie le 24 mai 1751, puis il achète, le 6 juin 1752, suivant acte passé devant Mᵉ Buteux, notaire à Saint-Riquier, une maison sise à Abbeville, rue des Cuisiniers, vis-à-vis le temple, tenant à M. Lefebvre des Amourettes. Le vendeur est M. Charles-Louis Picquet, seigneur de Bonnainvillers[1], demeurant à Abbeville, rue Saint-Gilles, et dame Leboucher du Mesnil, sa femme; le prix d'acquisition est de 2,200 francs payé comptant. Actuellement,

---

1. Charles-Louis Picquet, chevalier, seigneur de Bonnainvillers, Noyelles-en-Chaussée, Crécy et autres lieux, chevalier de Saint-Lazare, capitaine au régiment de Piémont, fut maïeur de la ville d'Abbeville en 1755.

Porte : *d'azur à une bande d'or chargée de trois merlottes do sable.*

Cette famille, originaire d'Amiens, y a donné des maïeurs dès le xivᵉ siècle et a formé plusieurs branches : celles des seigneurs de Beauchamps et de Noyencourt ajoutaient sur la bande *vers le chef un croissant de gueules.*

la maison acquise par Pfaff porte le n° 5 de la rue des Teinturiers; elle fut depuis occupée par M. Caudron, notre regretté professeur de dessin; l'atelier du sculpteur y avait précédé celui du peintre dans ce même domicile.

Le 24 mai 1751, Pfaff épousait à Saint-Riquier demoiselle Marie-Magdeleine-Victoire Hourdel, fille de Nicolas-François Hourdel, notaire, puis maire de Saint-Riquier (Somme).

De son union, il eut sept enfants (voir la généalogie). Tous ces enfants furent élevés à Saint-Riquier, dans l'hôtel du Cygne, donné par contrat de mariage du 21 mai 1751 à demoiselle Marie-Magdeleine-Victoire Hourdel, épouse du sculpteur Pfaff; cet hôtel du Cygne était le domicile de la famille Hourdel; leur éducation fut confiée à M. Duparc, prêtre à Saint-Riquier; l'on comprendra facilement que Pfaff, étant par sa profession continuellement appelé au dehors, avait laissé la direction de ses enfants à ses beaux-parents. Le sculpteur Pfaff fut naturalisé Français en novembre 1758.

Le 13 novembre 1773, Pfaff vint à perdre sa femme; peu après, il a dû quitter Abbeville; l'*Almanach du Ponthieu*, année 1779, mentionne que le sieur Pfaff, sculpteur en résidence à Saint-Riquier, s'occupe de tous les travaux d'art.

Nous retrouvons encore Pfaff comme témoin à l'acte de décès de la mère de sa femme, demoiselle Marie-Françoise Cocu, veuve de Nicolas-François Hourdel, décédée à l'âge de 88 ans, le 13 février 1781.

Le 16 février 1782, Pfaff est témoin à l'acte de baptême de Charles-Simon-Thomas-François-Hubert, fils de Jean-Remi Bournel de Rethel-Mazarin, vérificateur général du Roi, et de dame Félicité Pfaff. Il figure comme aïeul maternel et se trouve qualifié d'écuyer de S. A. R. Mgr le comte d'Artois, puis nous perdons complètement les traces de notre sculpteur ; nous constatons que, par suite d'un arrêt du Parlement du 14 décembre 1785, le décès de Pfaff a dû arriver de 1782 à 1785.

Simon-Georges-Joseph Pfaff et son fils aîné François-Simon ne sont pas inhumés à Saint-Riquier comme on l'avait pensé jusqu'à ce jour. A l'entrée du cimetière de Saint-Riquier, l'on remarque un tombeau de forme rectangulaire ; c'est un cube de pierre ; le faîte est à parois inclinées comme ceux d'un toit ; dans chaque face latérale se trouve fixée une plaque de marbre portant chacune une inscription.

PREMIÈRE FACE

Caris parentibus maternis
dilectissimæquæ matris
piæ memoriæ
Fr.-Sim. a Pfaffenhoffen
centuleus.
Sac. rom. imp. imm...
Frater et sorores
devote
dicant et consecrant
1816

DEUXIÈME FACE

A DROITE EN REGARDANT LE MONUMENT

Toi qui voudrais longtemps vivre ici-bas
Digne d'entrer un jour dans une autre patrie
Après leur mort comme avant leur trépas
Honore les parents à qui tu dois la vie

TROISIÈME FACE DE GAUCHE

OSSEMENTS RÉUNIS

De dame Marie-Magdeleine-Victoire Hourdel, épouse de S.-G.-J. baron de Pfaff, décédée le 13 novembre 1773, et de M. N.-F. Hourdel, son père, ancien maire de cette ville, décédé le 31 mars 1774, et de n. n. n...

1823

ET SUR LA QUATRIÈME FACE DU FOND

Profanes arrêtez : nés pour mourir un jour
Ne troublez point les morts dans leur dernier séjour

Ces vers sont de l'abbé François-Simon comte de Pfaffenhoffen ; il a publié un certain nombre de poésies fort curieuses sur son procès contre Charles X.

Comme on a pu le remarquer, ce monument a été établi par François-Simon Pfaff, *centuleus*, c'est-à-dire né à Saint-Riquier, et ses sœurs, à la mémoire de leur mère ; il n'y est nullement question que le sculpteur Pfaff y repose.

Les héritiers de Mᵐᵉ Pfaff laissèrent à la commune de Saint-Riquier une parcelle de terre à la charge par elle d'entretenir cette tombe, ainsi que de donner annuellement quelques prix aux enfants de l'école communale, ce qui a lieu chaque année. Ce monument a besoin de réparations et menace de tomber en ruines, ce que nous constations en 1890.

Depuis la publication de notre notice en 1894, nous avons appris en 1895 que cette parcelle de terre, devenue un petit bois, venait d'être vendue et le capital placé en rentes sur l'État les revenus seront affectés à l'entretien de cette tombe.

Enfin, après plusieurs années de recherches, nous avons pu retrouver les traces du sculpteur Pfaff. M. G. Marcassin, notaire à Saint-Riquier, s'étant mis gracieusement à notre disposition, nous avons mis la main dans son étude sur l'inventaire dressé après le décès de Pfaff passé devant Me Buteux, notaire à Saint-Riquier, le 16 septembre 1784; nous voyons par cet acte que S.-G.-J. Pfaff, sculpteur figuriste de Mgr le comte d'Artois, est décédé à Avallon (Yonne) le 17 juillet 1784; nous avons pu nous procurer l'acte de décès à Avallon dont voici la teneur :

« Le 17 juillet 1784 est décédé muni des Sacrements de l'Église et a été inhumé le lendemain dans le cimetière de cette paroisse par moi prêtre, vicaire soussigné, en présence de Renault, chantre, et Fugé, sonneur de l'église Saint-Julien, aussi soussigné, le s^r Georges Phaffe *(sic)*, sculpteur, âgé d'environ 70 ans; signé Renault, Fugé et Boullenot, vicaire. »

Les archives communales d'Avallon ne mentionnent aucune trace de translation du cimetière de l'église Saint-Julien concernant Pfaff. On trouvera plus loin le résultat de nos recherches à Avallon.

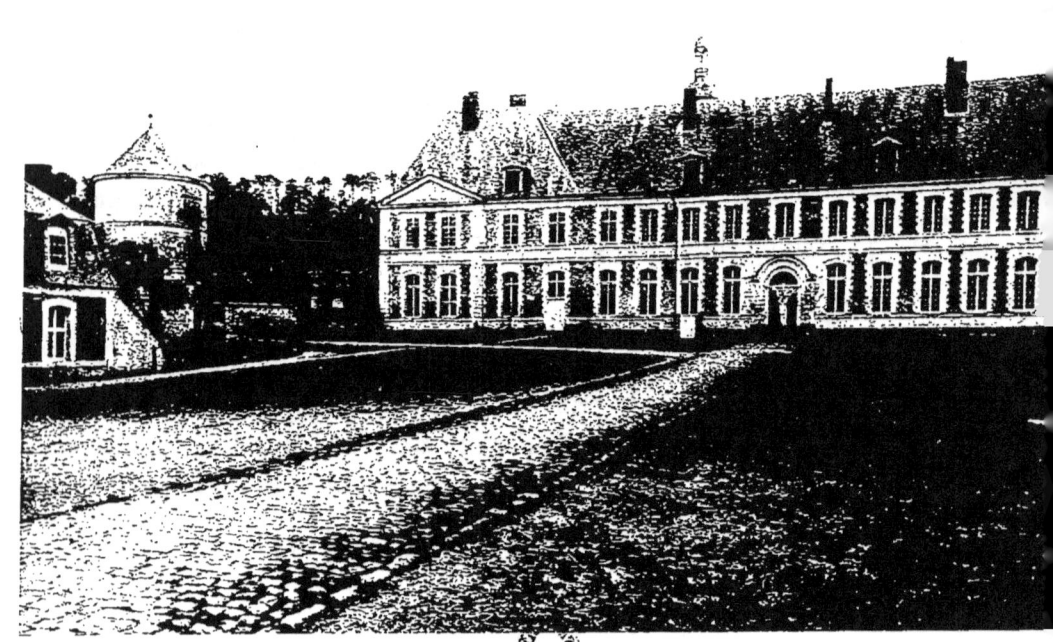

ABBAYE DE VALLOIRES

Cour d'entrée

OEUVRES DE PFAFF

---

§ Ier. — ABBAYE DE VALLOIRES

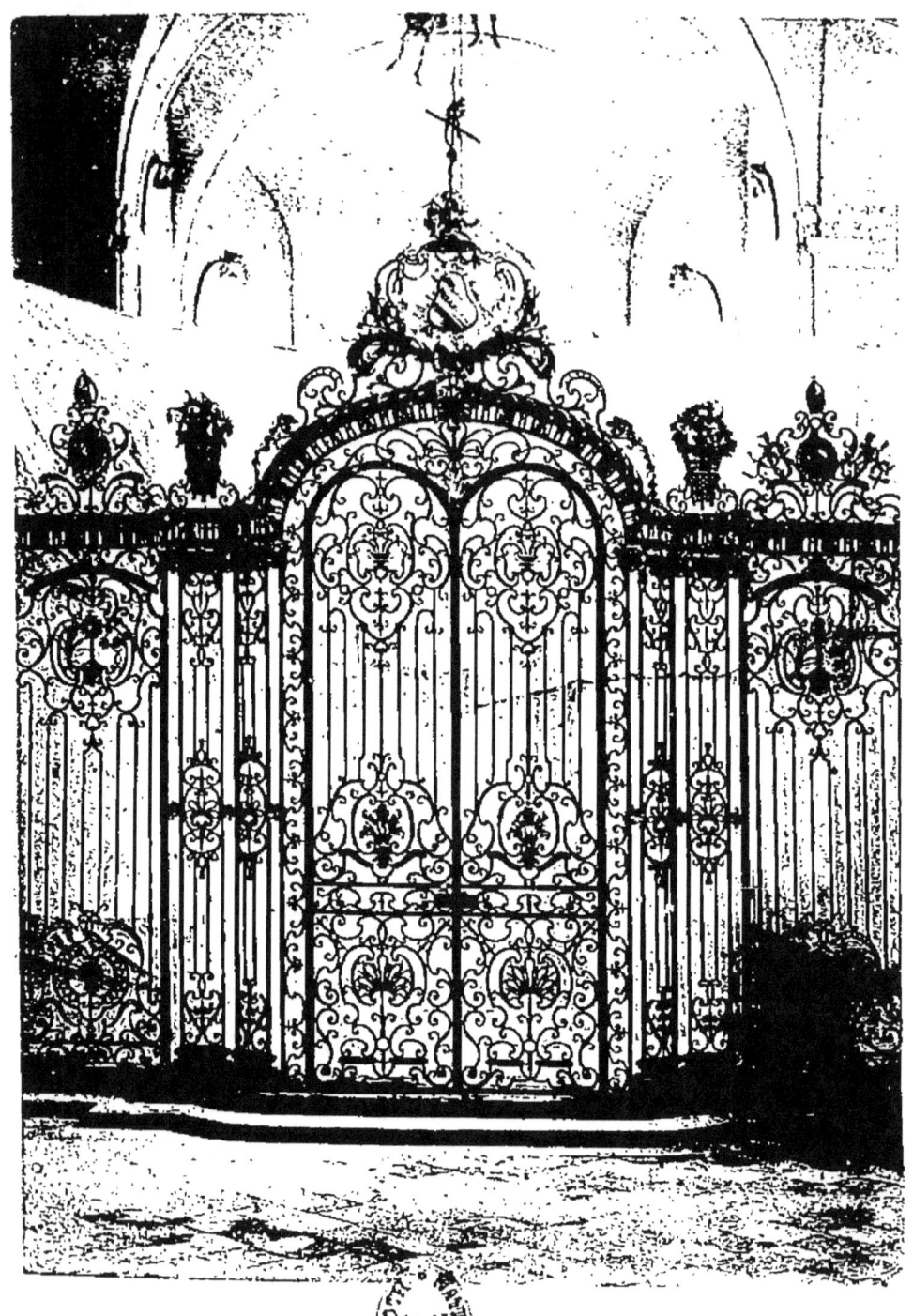

ABBAYE DE VALLOIRES

ÉGLISE

Grille du sanctuaire

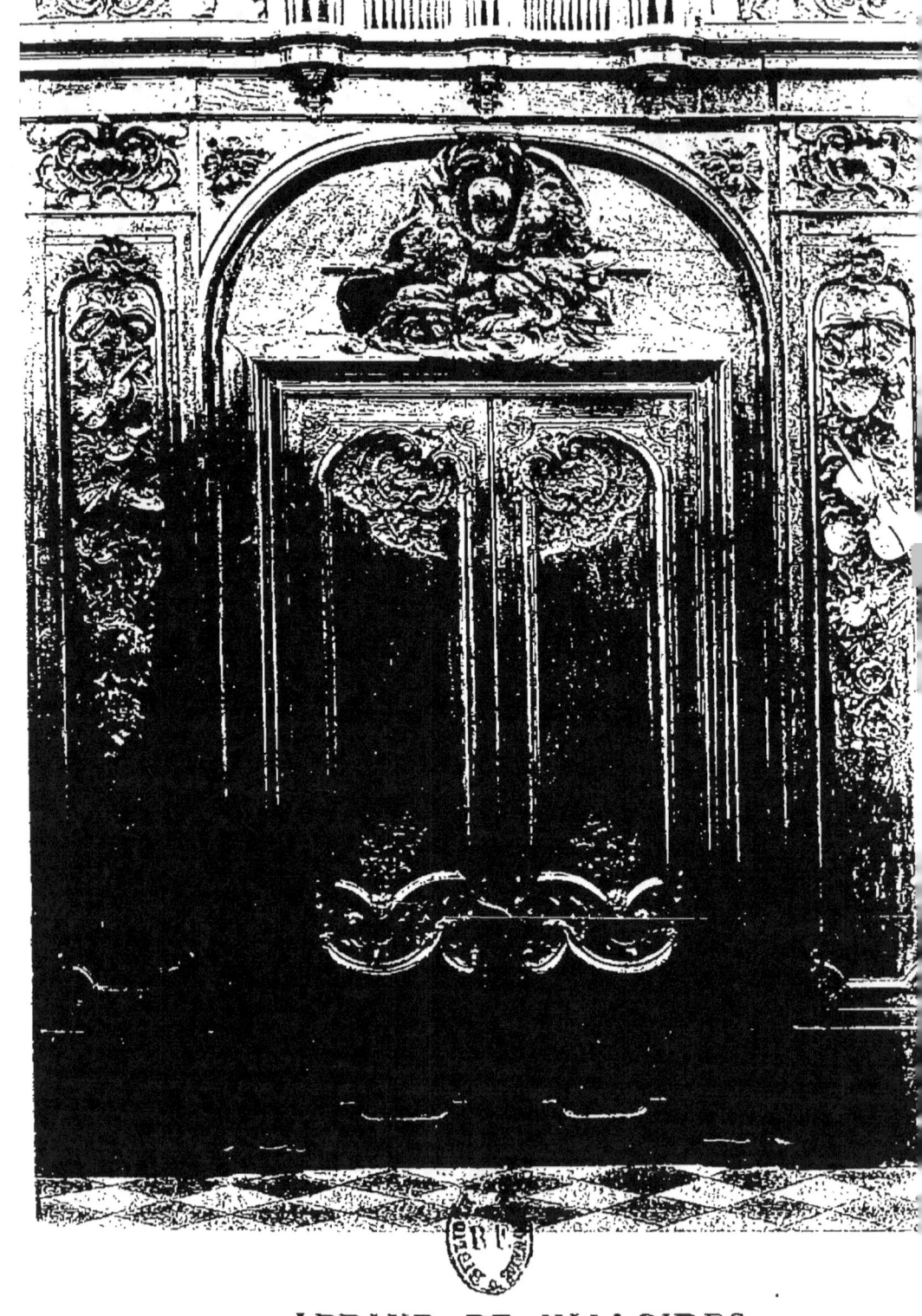

ABBAYE DE VALLOIRES

ÉGLISE

Portail intérieur

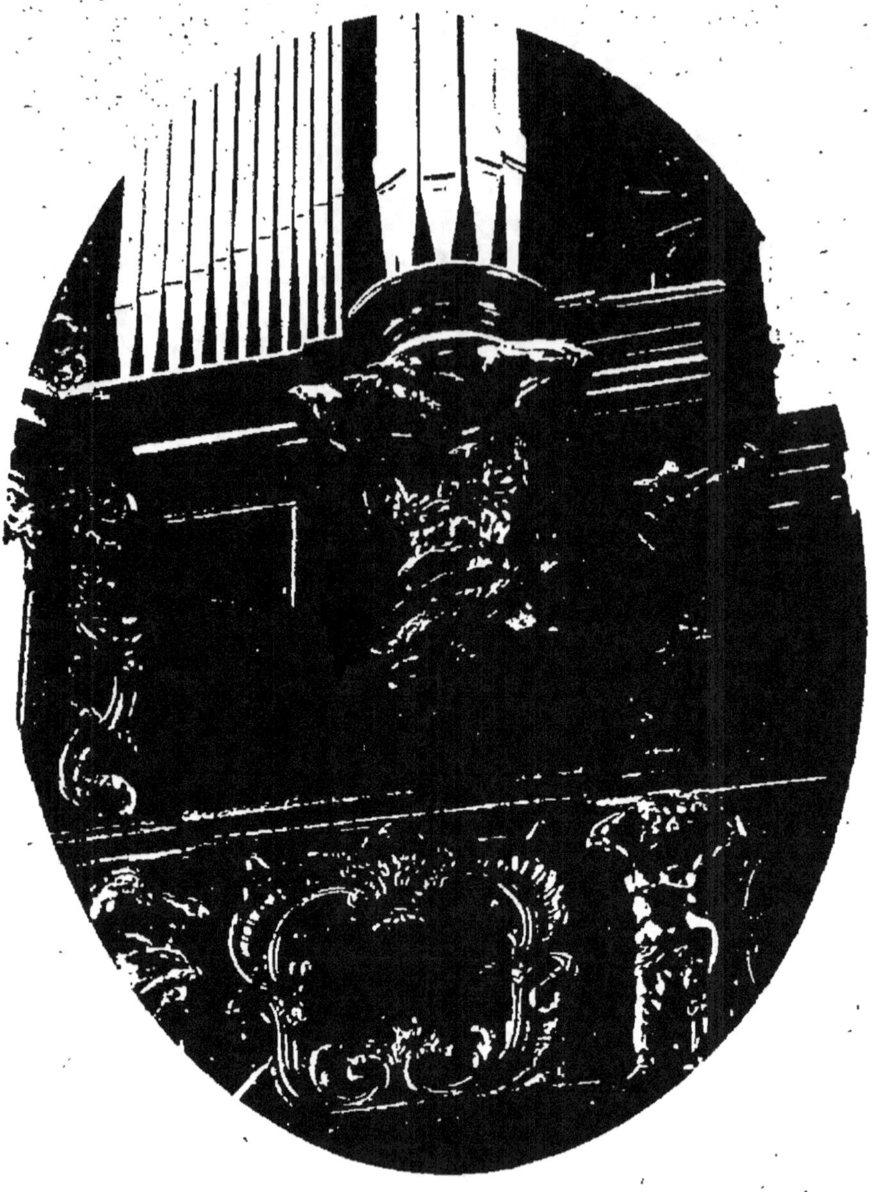

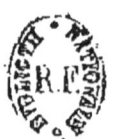

ABBAYE DE VALLOIRES

ÉGLISE

Cariatides soutenant le buffet de l'orgue

I

ABBAYE DE VALLOIRES

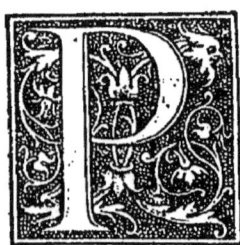FAFF consacra plusieurs années de son existence jusqu'en 1756 à exécuter différents travaux remarquables dans l'abbaye de Valloires, commune de Rue (Somme); il enrichit la nouvelle église de cette abbaye [1] de ses chefs-d'œuvre, sculptures, bois et métaux, car notre sculpteur, après avoir modelé son sujet, le coulait quelquefois en un alliage de plomb et d'étain, procédé qui lui permettait de faire des retouches au burin ou au ciseau.

Toute la décoration intérieure de l'église de Valloires est due à Simon-Georges-Joseph Pfaff. On y admire encore actuellement le splendide buffet d'orgue de ce sculpteur. Il se compose de deux battants de portes intérieures, admirablement sculptées, accostées de deux longs panneaux de 4ᵐ50 de hauteur sur 0ᵐ50 de largeur, portant des trophées d'instruments de musique. Ces panneaux seuls ont été estimés par M. Buissine, sculpteur de Lille, à 12,000 francs. Les deux battants de porte sont surmontés d'un cartouche représentant deux lions soutenant

---

1. La consécration de la nouvelle église de Valloires par les évêques d'Amiens, de Boulogne et de Saint-Omer eut lieu le 5 septembre 1756. Nous en donnons le compte rendu tiré d'après les manuscrits Siffait. Voir aux pièces justificatives.

un écu aux armes de Mgr d'Orléans de la Motte ; au-
dessus se trouve une balustrade où sont représentées des
figures d'enfants offrant les différents états de la vie, joie,
tristesse, etc. Un peu plus haut, à gauche, un groupe
d'enfants frappant sur l'enclume, allusion aux métiers ; à
droite, un groupe analogue, les beaux-arts ; plus haut
encore commencent les chœurs des anges jouant de
divers instruments de musique et distribués sur les différentes saillies. Le tout est couronné par une grande
statue du roi David accompagné de deux grands anges
jouant de leurs instruments. David debout est appuyé
sur un kinnor, montre le ciel et semble chanter d'un air
inspiré : *Cæli enarrant gloriam Dei.*

Remarquons encore les quatre cariatides, lesquelles
rappellent, dit-on, les figures de quatre domestiques des
anciens moines et soutiennent la partie supérieure du
buffet d'orgue ; elles sont admirables. Ces quatre figures,
dont le bas du corps se termine en gaîne, font d'in-
croyables efforts pour supporter le fardeau qui écrase
leurs robustes épaules ; leurs muscles se contractent avec
violence, le sang enfle leurs artères, presque à les faire
éclater, l'expression de leurs visages est frappante ; il
semble que l'on entend râler ces torses herculéens ployant
sous le faix. Cet admirable travail prouve que Pfaff avait
étudié à fond les chefs-d'œuvre du célèbre Puget et qu'il
s'était inspiré de cet artiste.

De chaque côté de la porte d'entrée, à l'intérieur, se
trouvent : 1º à gauche, une statue haute de 1ᵐ65 (bois
sculpté) représentant l'homme déchu par le péché originel,
la Religion appelant l'homme à la pénitence. C'est un enfant
qui gît par terre ; deux ailes étendues indiquent la nature
spirituelle de l'homme, par laquelle il tend en haut ;
cependant, ses efforts paraissent insuffisants ; il est sans
vêtements, c'est-à-dire privé de tous ses mérites ; un

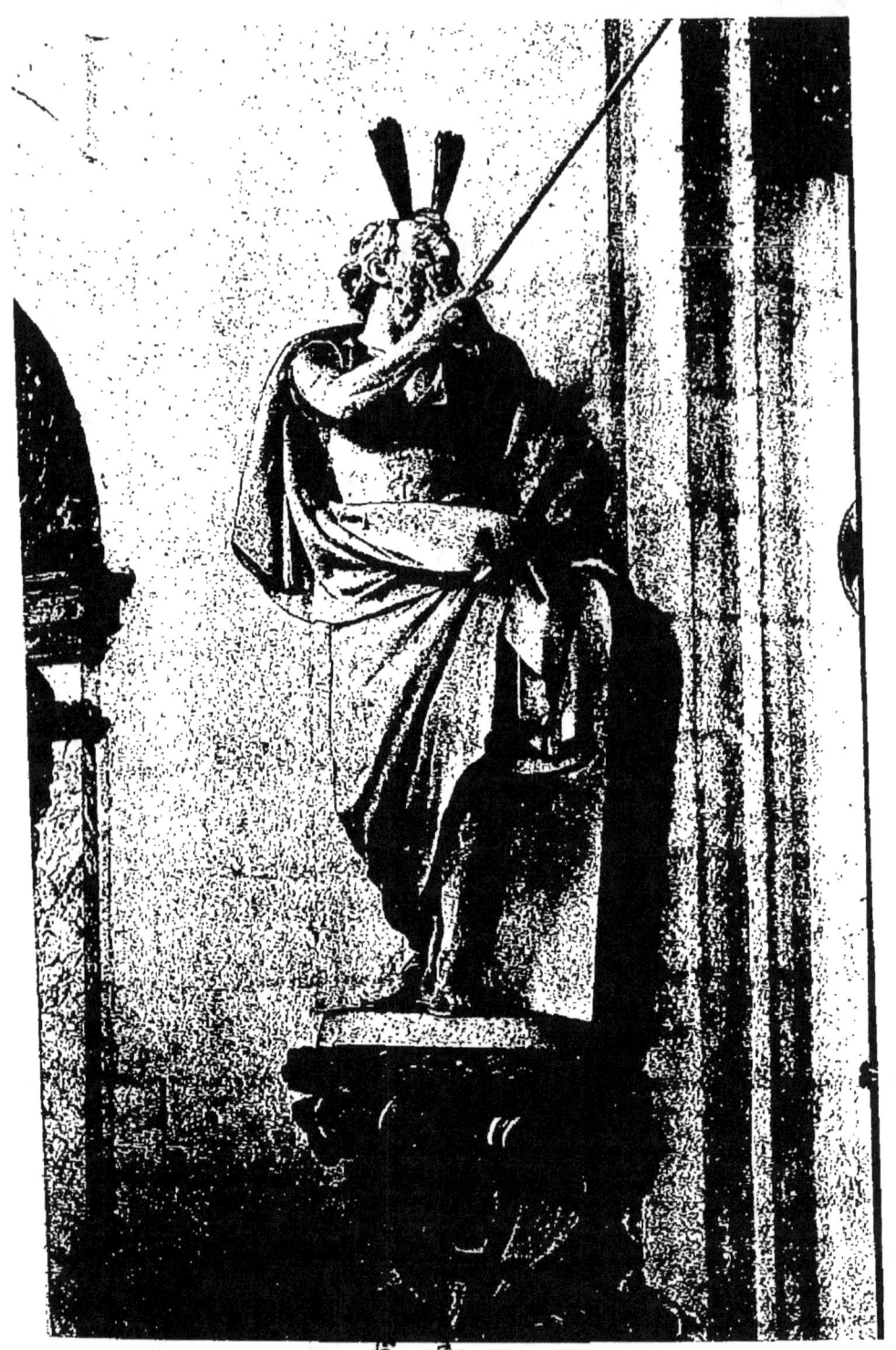

ABBAYE DE VALLOIRES

ÉGLISE

Statue de Moïse

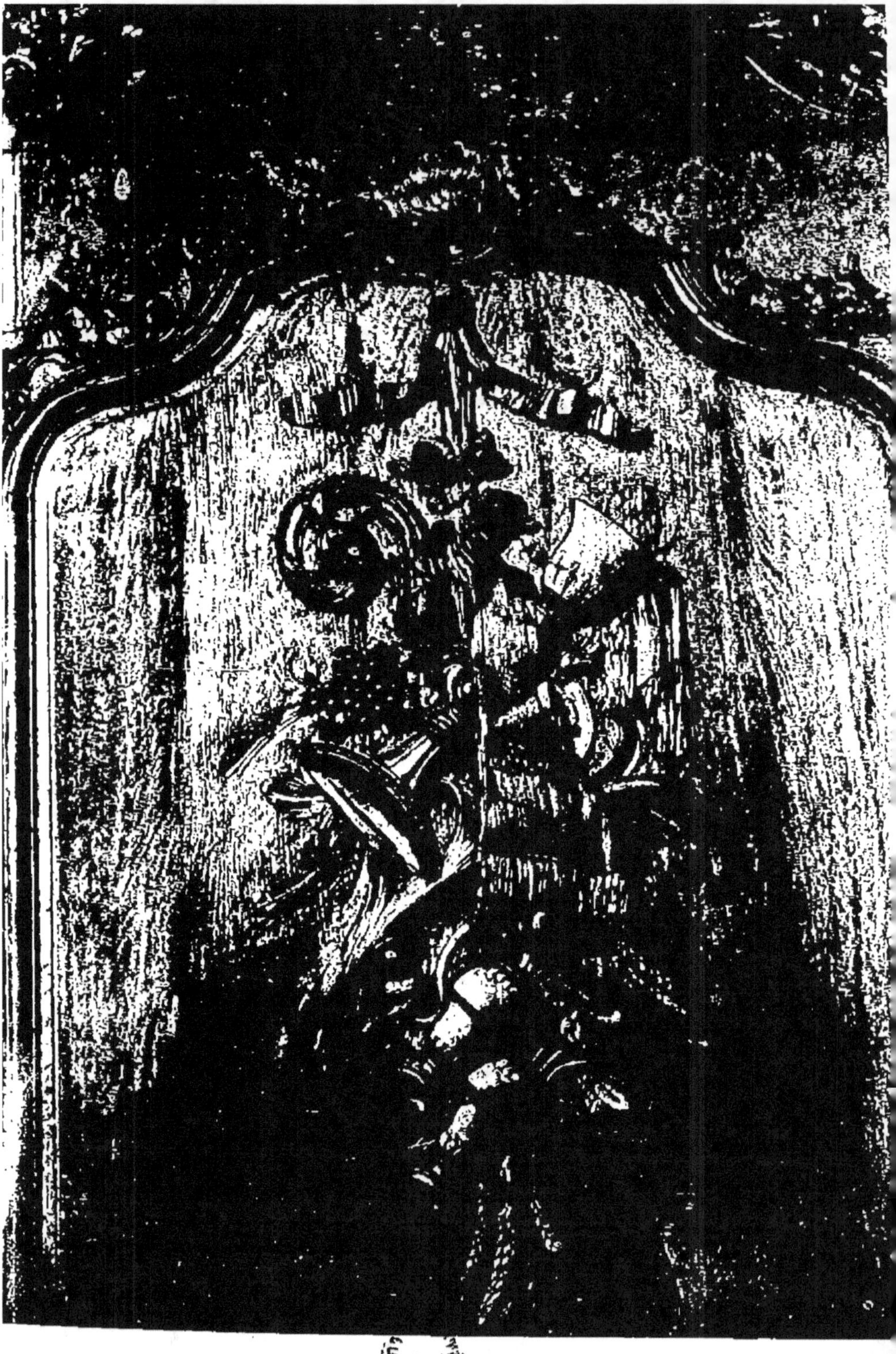

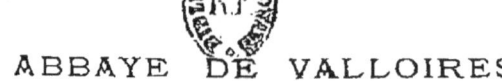

ABBAYE DE VALLOIRES

ÉGLISE

Haut d'un lambris (chœur des Moines)

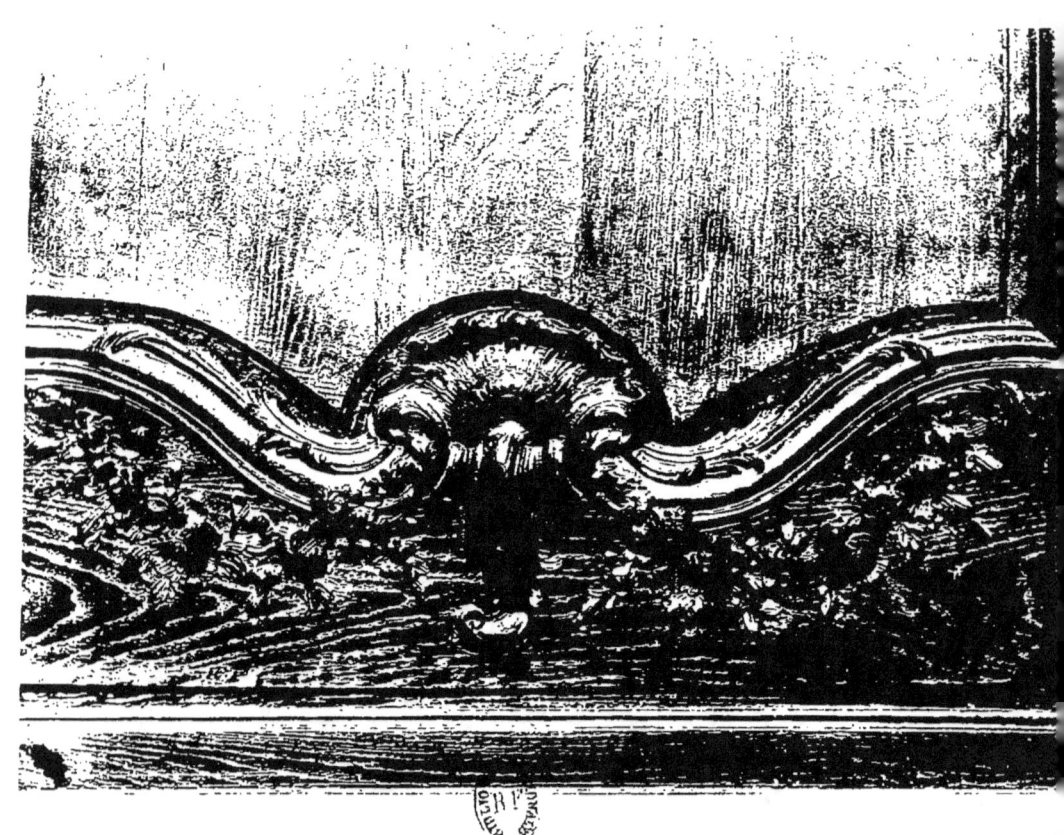

ABBAYE DE VALLOIRES

ÉGLISE

Sculptures du bas d'un lambris (chœur des Moines)

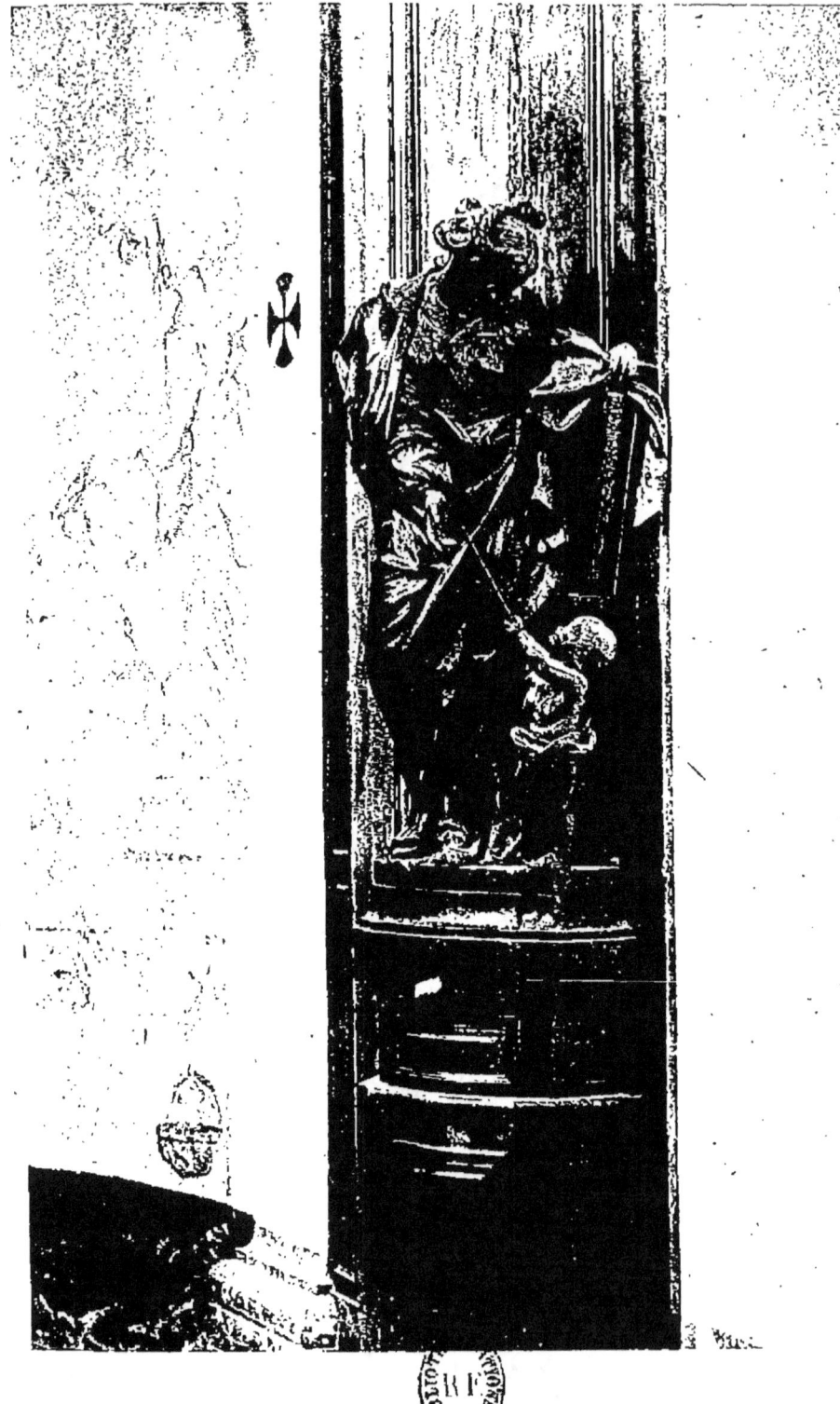

ABBAYE DE VALLOIRES

ÉGLISE

L'homme relevé soumettant sa raison à la Religion

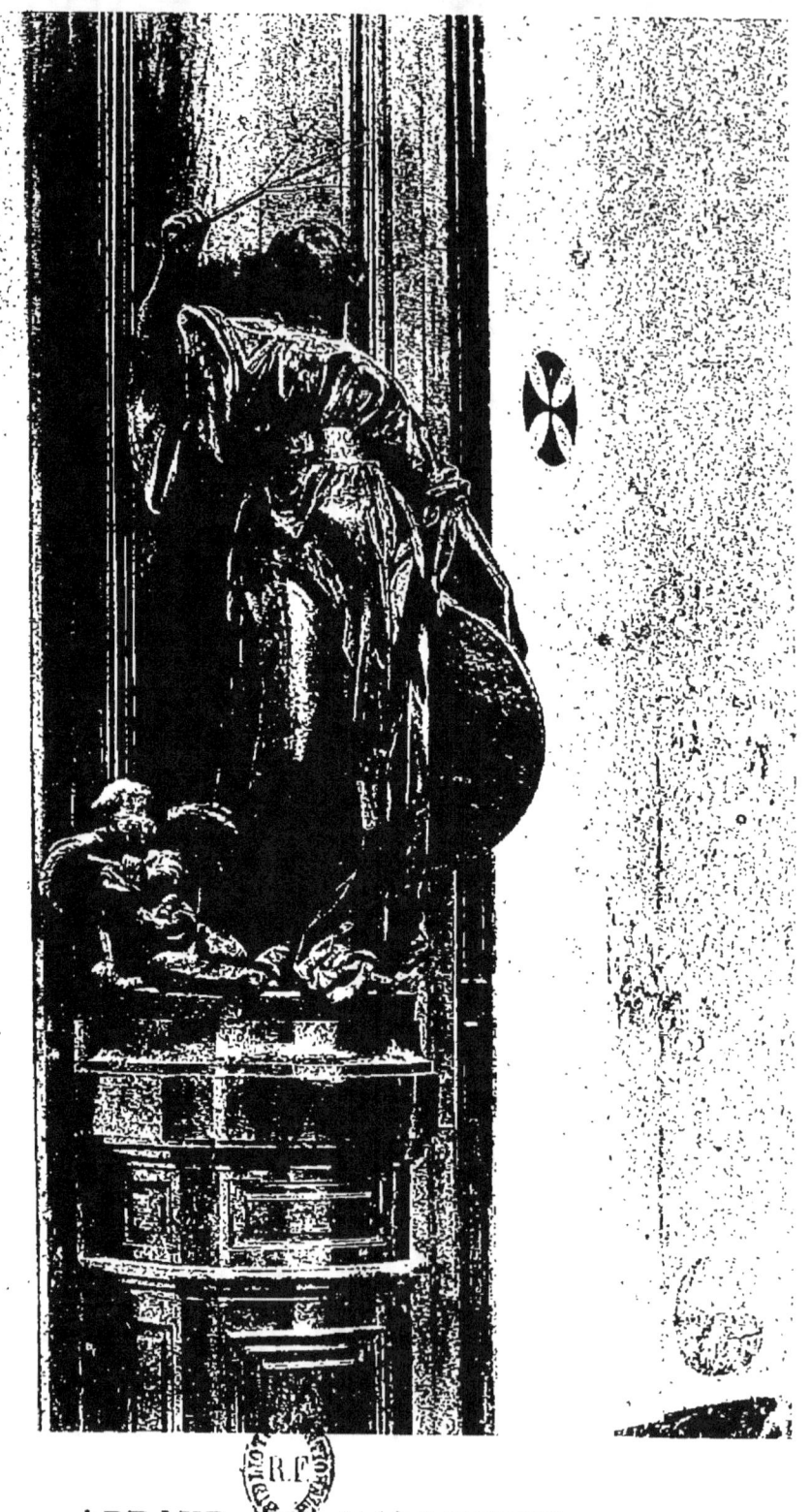

ABBAYE DE VALLOIRES

ÉGLISE

La Religion appelant l'homme déchu à la pénitence

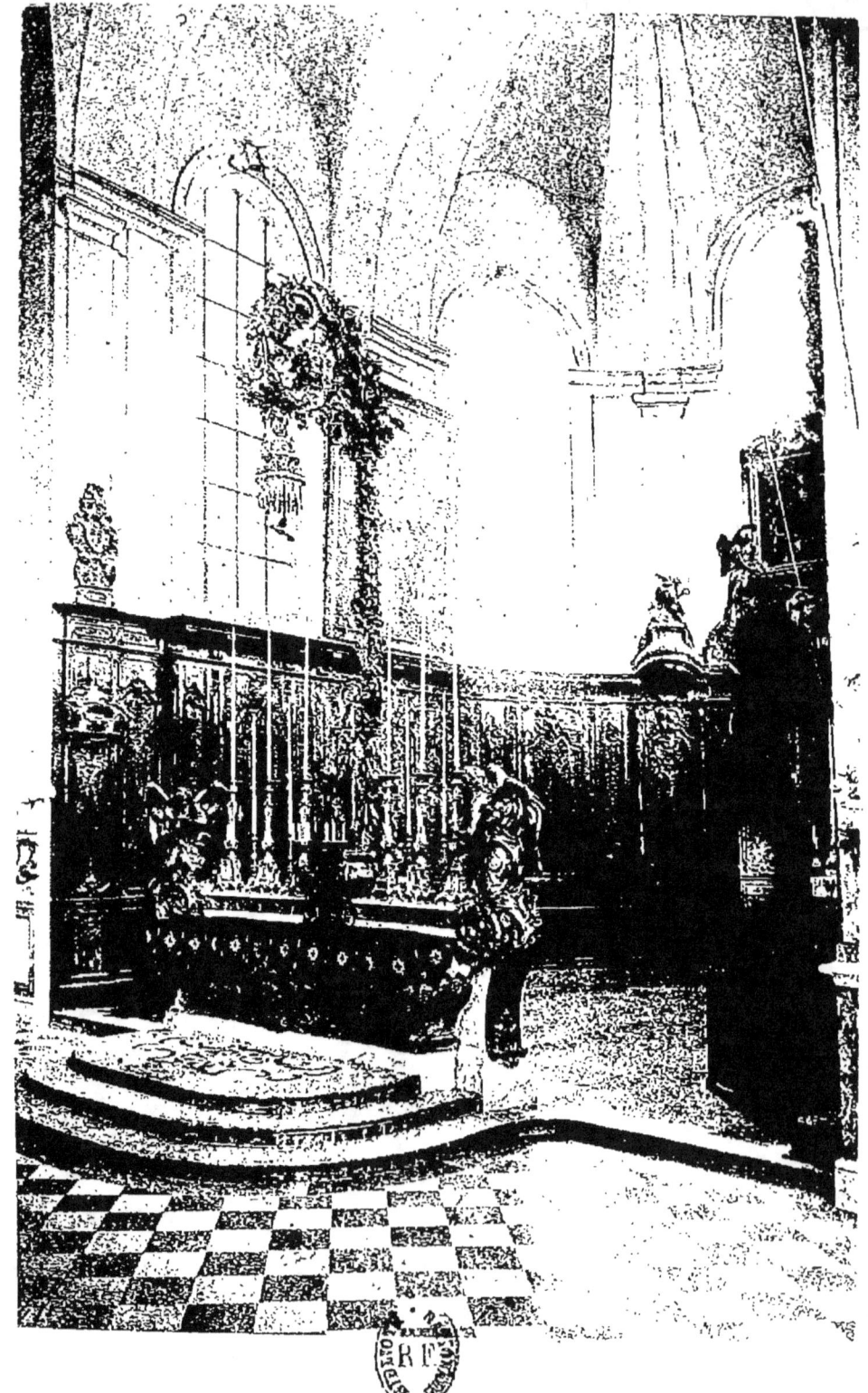

ABBAYE DE VALLOIRES

EGLISE

Maître-autel

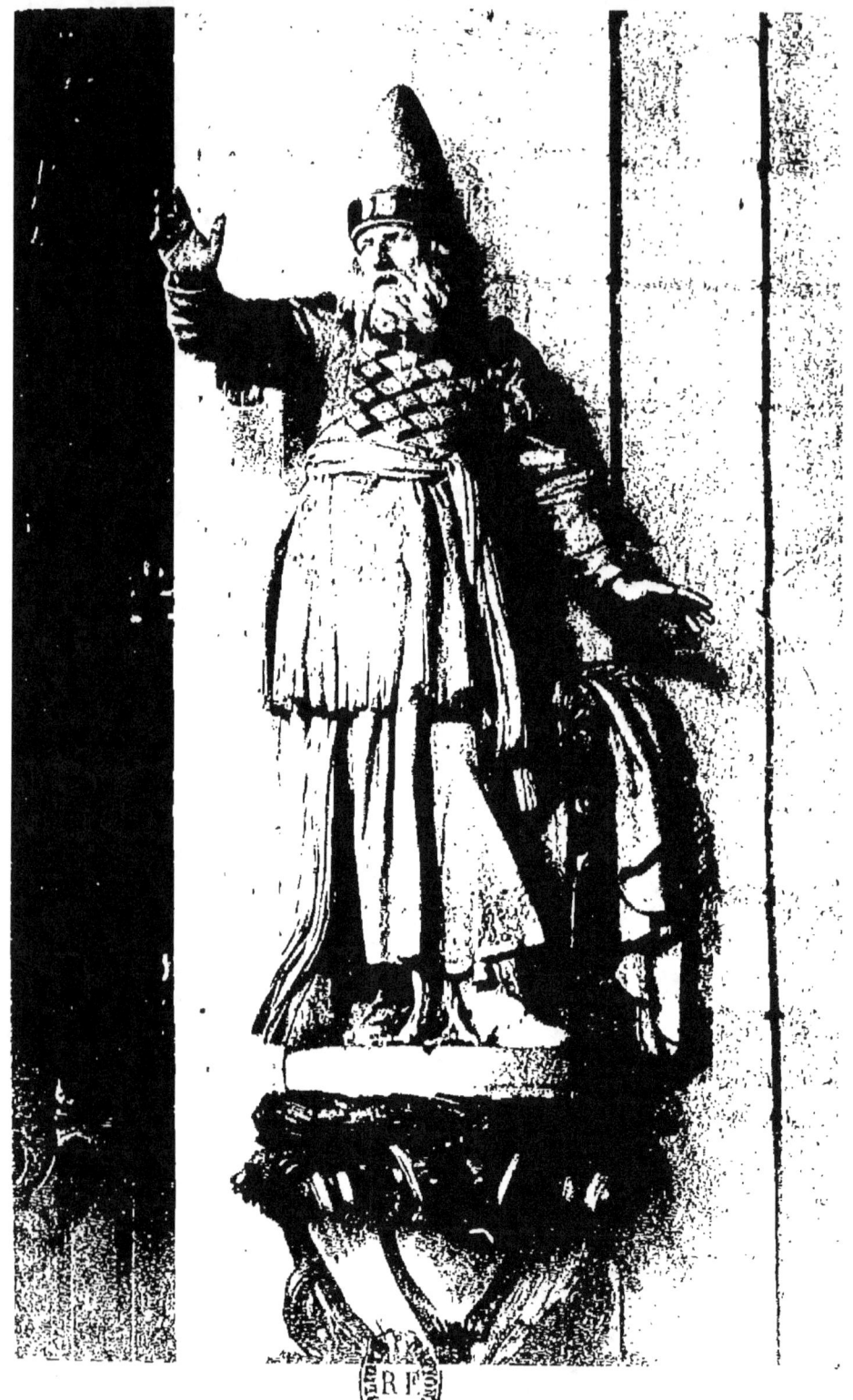

ABBAYE DE VALLOIRES

ÉGLISE

Statue d'Aaron

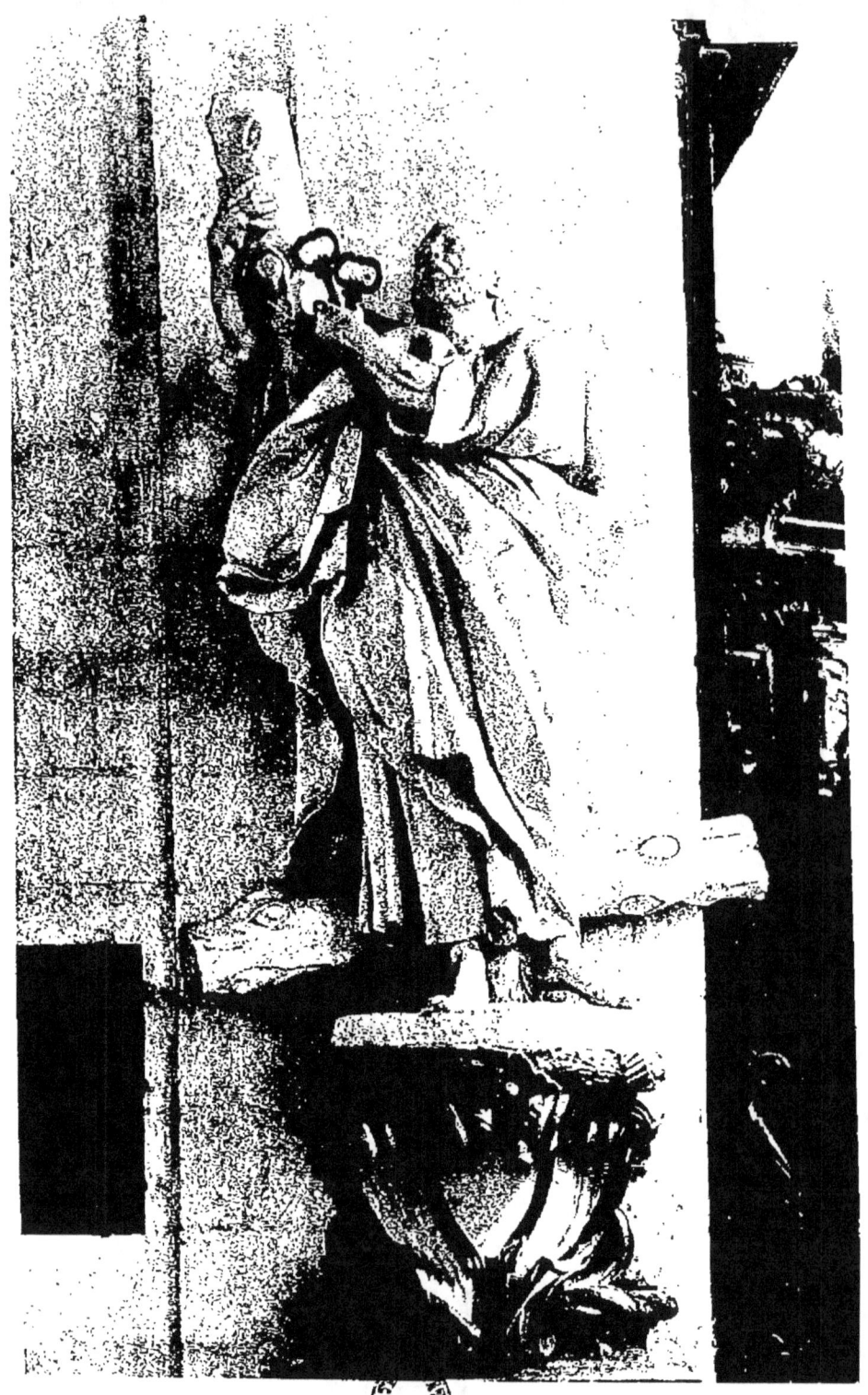

ABBAYE DE VALLOIRES

ÉGLISE

Statue de St Pierre

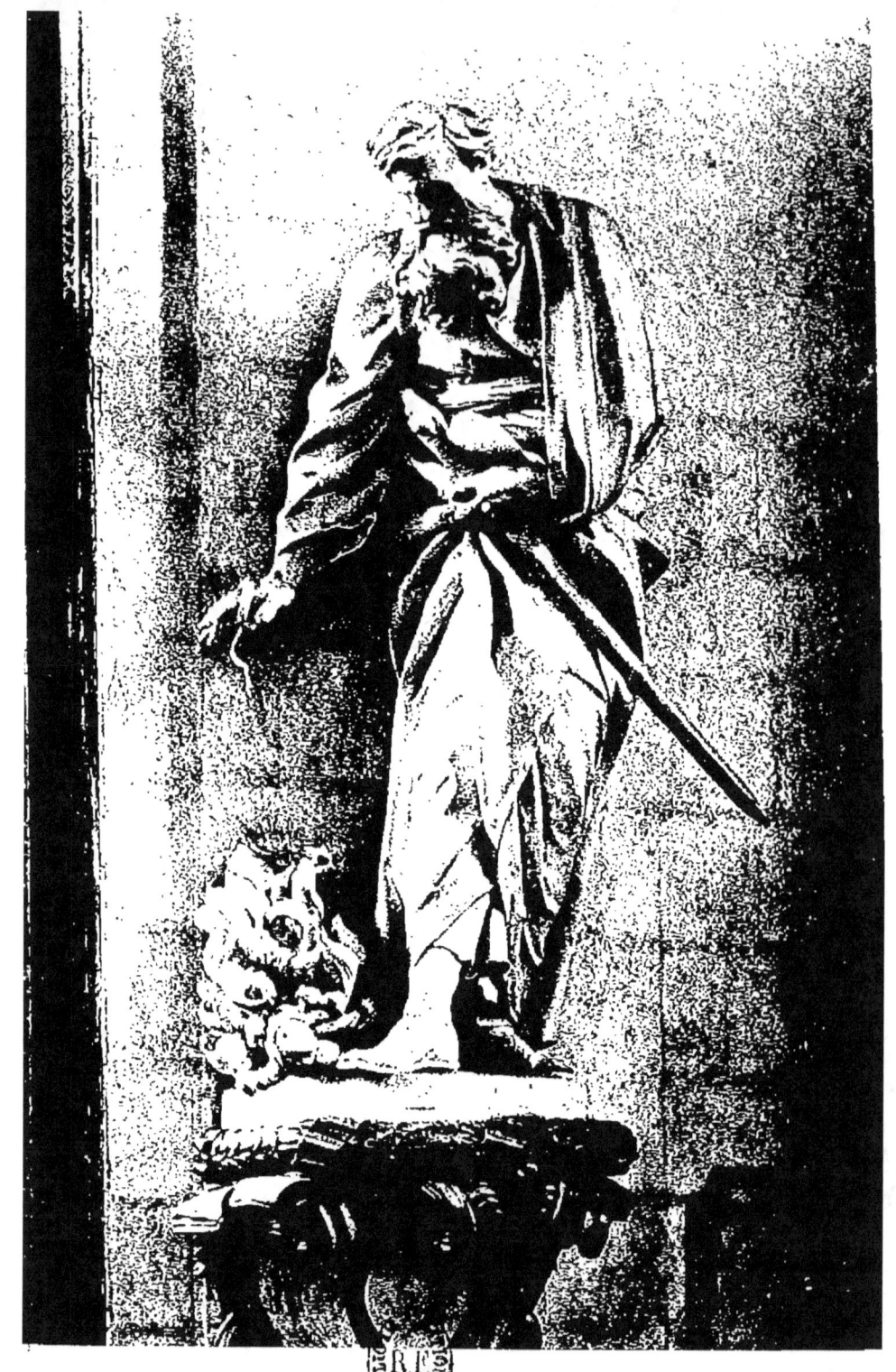

ABBAYE DE VALLOIRES

ÉGLISE

Statue de St Paul

bandeau placé sur ses yeux indique son ignorance ou son incapacité de voir; les morceaux d'un roseau brisé placés dans ses mains symbolisent sa fragilité; à côté, comme figure principale, la statue de la Religion, sous la forme d'une vierge; elle fait l'œuvre de la réparation, le regard levé vers le ciel indique la prière. La ceinture porte l'inscription : *Castigo corpus meum,* qui indique la mortification; dans la main droite flotte une discipline, instrument de pénitence, et, de la main gauche, s'appuie sur un grand crible, symbole de la justice et de la crainte de Dieu, commencement de toute justification.

2° A droite, et comme pendant, une statue représentant l'homme relevé par la Religion : l'enfant est debout, mais sans ailes, couvert de quelques vêtements, car l'homme a retrouvé ses mérites perdus; il tend de sa main un flambeau allumé vers la statue principale qui représente la Religion; c'est l'homme relevé qui soumet le flambeau de son intelligence à la Religion; celle-ci est représentée encore sous la figure d'une vierge appuyée sur un livre (la Foi), tenant de la main gauche une palme (l'Espérance), et tendant en s'inclinant sa main droite à l'homme (la Charité). Une superbe grille en fer forgé sépare le sanctuaire de la nef.

Les trois autels du sanctuaire, et surtout le maître-autel, sont construits de grands blocs de marbre noir veinés de blanc. Le tabernacle et toute l'ornementation du maître-autel et des deux autres sont en plomb (groupes d'anges). Deux magnifiques anges adorateurs (en plomb) actuellement dorés, mesurant 1ᵐ15 de hauteur et 1ᵐ50 y compris la base ornementée, décorent les extrémités du grand autel; vers le milieu, une grande crosse élevée en fer forgé par Levarayn, surnommé le Vivarais, laissant pendre un gland, dans lequel se trouvait la sainte hostie exposée à la vénération des fidèles;

au sommet de la voûte, deux anges soutiennent une corde se dirigeant au-dessus de la crosse en fer forgé [1].

Nous voyons encore un grand bénitier en plomb avec ornements symboliques. Puis, taillés dans la pierre blanche, les figures grandeur naturelle des quatre Évangélistes, hauts reliefs, remarquables par leurs draperies.

Dans le chœur des moines, toutes les boiseries sont ornées de remarquables ciselures, taillées en plein bois et non rapportées, beau style Louis XV, formes courbées, cambrées, affinées, guirlandes fleuries de roses, cartouche en relief représentant les objets du culte, les appuis de stalle, à droite et à gauche, sculptés dans un seul morceau de bois, la stalle de l'abbé surmontée d'un chapiteau dôme avec les insignes de l'abbé; l'on y remarque un soleil, emblème de la lumière; celle du Prieur est ornée d'une cigogne, emblème de la vigilance. Ces deux stalles sont séparées par un espace vide, donnant entrée à la chapelle de la Sainte-Vierge; dans le haut, deux beaux anges pleureurs en bois de 1^{m}15 de hauteur forment l'encadrement d'un tableau de Lebrun, le Crucifiement, toile d'une grande valeur.

Dans le sanctuaire, autour du grand autel, à une certaine hauteur, l'on admire quatre statues en bois sculpté, peintes en blanc, mesurant chacune 1^{m}75 de hauteur, sans y comprendre les magnifiques socles sur lesquelles elles reposent.

1° Statue de Moïse, représentant ce législateur tenant les deux tables de la loi de sa main gauche; sa tête est ombragée de cheveux qui tombent sur ses épaules; la face est ornée d'une barbe épaisse qui flotte sur sa poitrine. Son regard doux et majestueux est tourné dans la direction de sa main droite, qui tient le bâton mira-

---

1. Cette corde soutenait probablement une lampe de sanctuaire aux armes de Dom Comeau, dont il sera parlé plus loin.

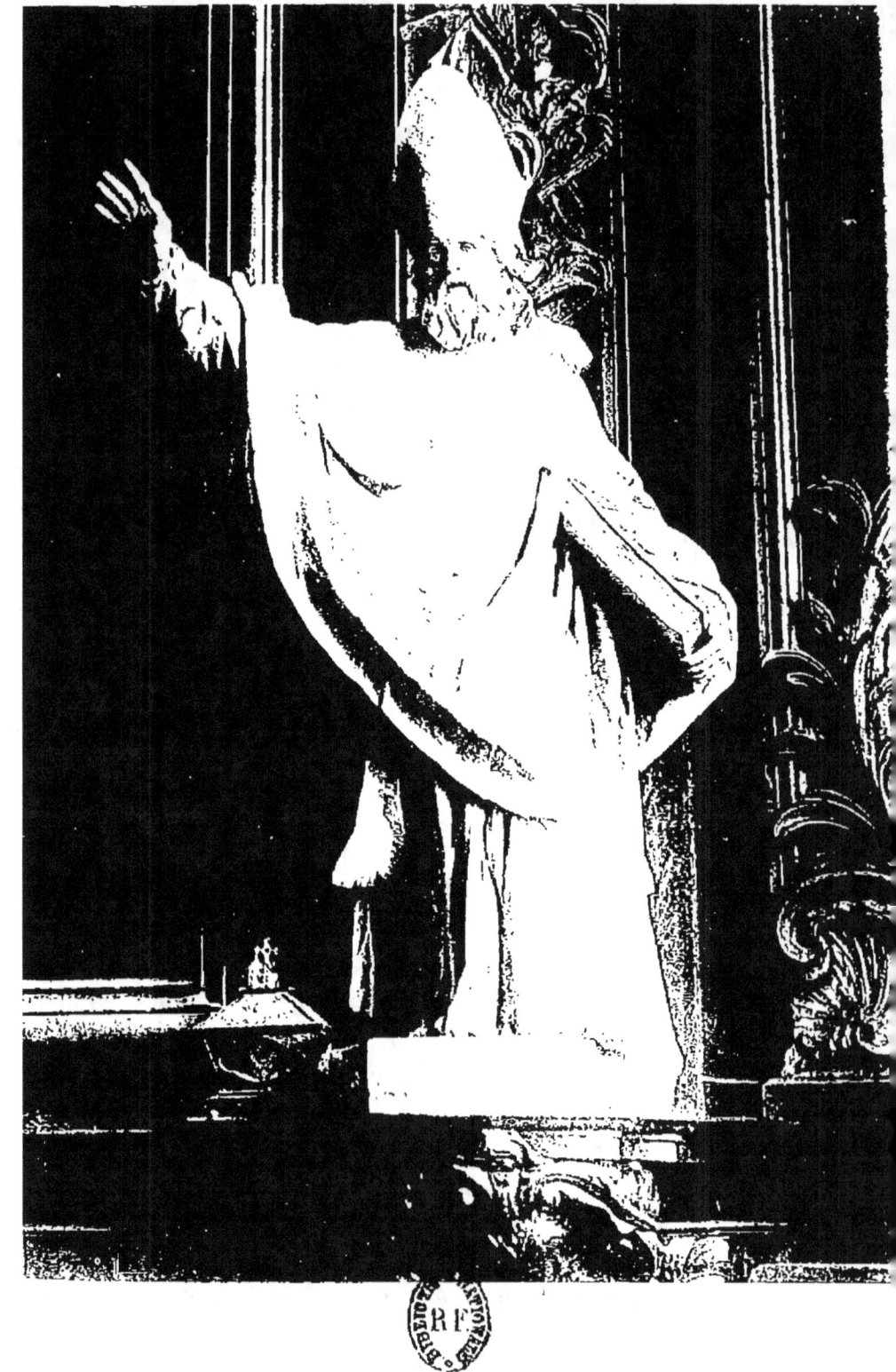

SAINT—RIQUIER

CHAPELLE DE L'HOTEL-DIEU
Saint Augustin

culeux levé pour montrer le serpent d'airain qui se dresse au-dessus de la grille de fer ; il est revêtu d'une tunique lacée, un vaste manteau déployé autour de son corps ; la riche abondance de ses plis, dont les deux extrémités se réunissent sous son bras gauche, des rayons de lumières partant du haut de son front donnent à cette belle figure cet air de grandeur et de majesté que l'on y remarque. Du reste, dans toutes ses statues, Pfaff a fait preuve de la plus parfaite entente du jet des draperies ; elles ont toutes de la vie et du mouvement.

2° Statue d'Aaron, dans son costume de grand prêtre, dans une pose inspirée ; il rejette de sa main gauche l'arche d'alliance de l'ancien Testament placée à côté de lui et, de la main droite étendue, il montre le tabernacle du grand autel figuré par l'ancienne arche d'alliance.

3° Vis-à-vis, statue de saint Pierre embrassant de sa main droite la croix renversée, instrument de son martyre, et tenant de l'autre main contre la poitrine les deux clefs, symbole de son pouvoir ; son regard et la tête qui porte une couronne de cheveux, sont dirigés vers le ciel. (Très belle statue.)

4° Statue de saint Paul ; saint Paul, la tête inclinée, secoue dans un brasier enflammé, placé à ses pieds, un serpent encore enroulé autour de sa main droite, qui l'avait mordu sans lui nuire, dans l'île de Mélito, aujourd'hui Malte, où il avait été jeté par suite d'un naufrage : de la main gauche, il tient le glaive, instrument de son martyre. Cette statue, exécutée par Pfaff en 1752, a été copiée exactement et reproduite en marbre de Carrare, de même que celle de saint Pierre par Ch. van Poucke en 1782 (sans doute élève de Pfaff) ; ces chefs-d'œuvre se trouvent actuellement dans l'église de Saint-Bavon, à Gand (Belgique).

Dernièrement, le vénérable abbé Beaumert, supérieur

de l'abbaye de Valloires, a eu la satisfaction d'admirer ces deux belles statues à Gand. Nous saisissons avec empressement l'occasion qui se présente pour témoigner notre gratitude à M. l'abbé Beaumert pour tous les renseignements et documents qu'il a bien voulu nous fournir pour nous aider dans nos recherches sur le sculpteur Pfaff.

De chaque côté du grand autel se trouve un petit autel sur chacun desquels l'on voyait avant la révolution une grande statue en marbre blanc ; l'une représentait saint Martin, l'autre saint Bernard, deux chefs-d'œuvre de Pfaff. Nous trouvons dans les manuscrits Siffait, tome IV, « en 1767, on a vu pendant plusieurs jours dans l'atelier de Pfaff, sculpteur, rue des Teinturiers, la figure en marbre blanc de saint Martin qu'il a faite pour l'église de Valloires. Le saint est représenté sans crosse ni mître et ne sont pas même en aucun endroit ; il est représenté à la taille, figure et face de Mgr l'Évêque d'Amiens, parce qu'il est abbé de Valloires[1], la tête nue et vêtu d'une longue robe retroussée sur les bras ; on y admirait les traits de la face de notre Évêque qui avait bien de sa ressemblance. Le lundi 13 avril, qui était le lendemain du dimanche des Rameaux, elle fut mise dans un chariot debout enfilée dans une quille de fer, puis fermée par une charpente comme une cage ; c'est pour mettre à l'autel Saint-Martin comme celle de Notre-Dame du Mont-Carmel de l'église des Carmes d'Abbeville sur une petite hauteur où l'on a coutume de mettre le tabernacle. »

Le pendant de cette statue représente saint Bernard[2] sous les traits de Dom Comeau, prieur de Valloires, revêtu du costume de son ordre, tête nue, le bras droit

---

1. Voyez pièces justificatives.

2. Saint Bernard était hostile à la représentation de personnages dans les carreaux céramiques. Voir notre travail : *Carreaux vernissés du Ponthieu*, page 8. Picard-Josse, 1890.

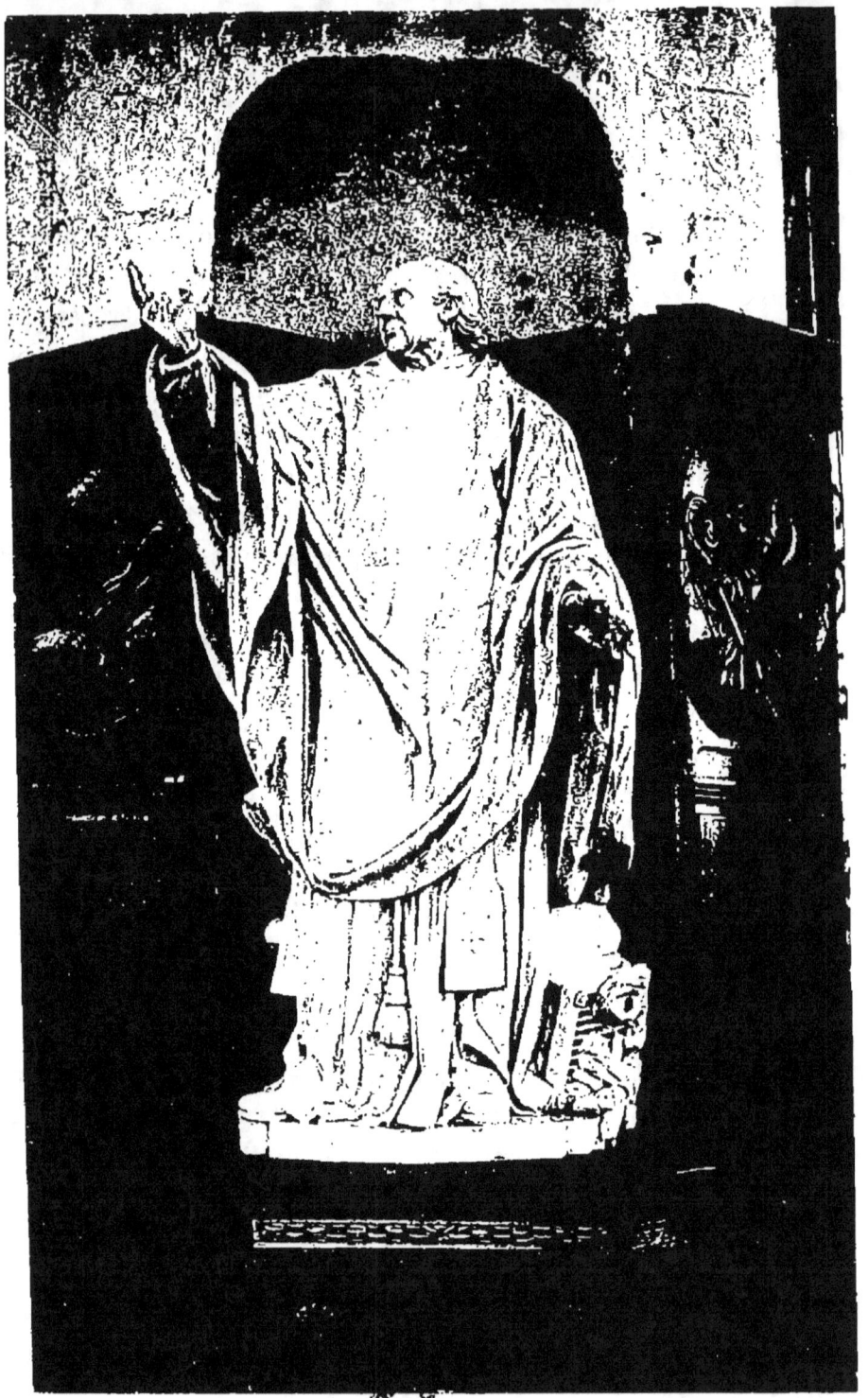

Simon Pfaß 1767

STATUE DE SAINT MARTIN

(Traits de Mgr de La Motte, abbé de Valloires).

Transportée à Abbeville lors de la Révolution, église S. Wulfran

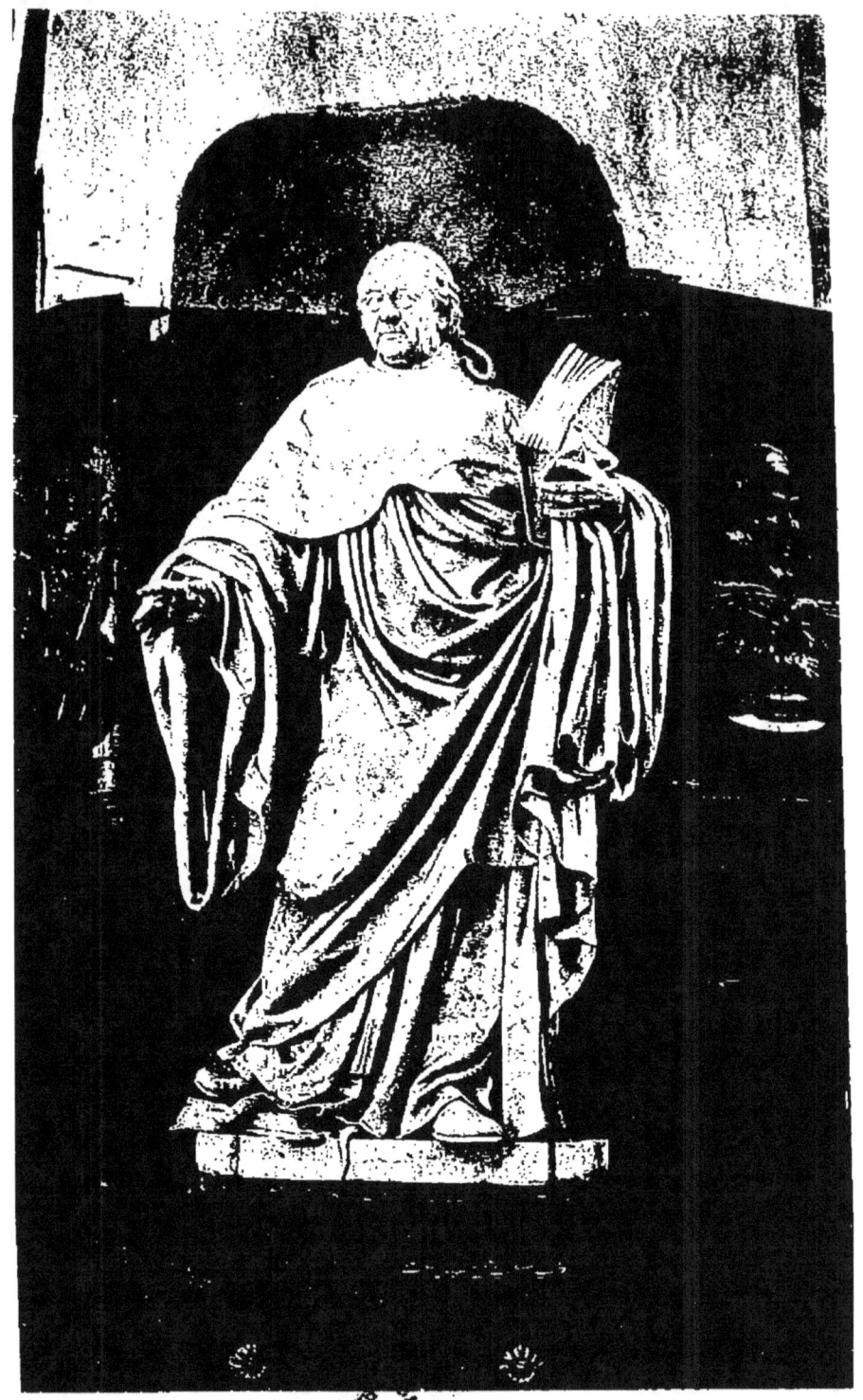

Simon Pfaff 1765

STATUE DE SAINT BERNARD

(Traits de Dom Comeau, Prieur de Valloires).

Transportée pendant la Révolution à Abbeville, église S. Wulfran

étendu, soutenant du bras gauche les plis de sa robe, foulant aux pieds un livre et un serpent, allusion rappelant saint Bernard foudroyant les hérésiarques, Pierre de Pise, Abailard, Henri de Toulouse, Gilbert et Pierre Le Lion ; nous possédons une curieuse gravure de Seguenot, représentant saint Bernard foudroyant les hérésiarques ci-dessus. Le saint a le pied sur la tête d'Abailard et son livre, idée que nous retrouvons dans la statue de Pfaff. Cette statue mesure 1m80 de hauteur ; elle partit le 27 octobre 1765 de l'atelier de Pfaff, situé rue des Cuisiniers à Abbeville, pour l'abbaye de Valloires ; elle coûta 10,000 livres ; elle fut commencée peu de temps avant la mort de Dom Comeau, qui mourut le 30 décembre 1766, à l'âge de 83 ans. Nous voyons dans la chronique de Dommartin, l'abbé Dom Crépin se rendre à l'abbaye de Valloires pour assister aux obsèques de Dom Comeau, qui eurent lieu le 1er janvier 1767 [1].

Dom Rogier [2], prieur de Valloires, succéda à Dom Comeau et chargea le sculpteur Pfaff de faire une autre statue représentant saint Martin, patron de l'église, sous les traits de Mgr d'Orléans de la Motte ; cette statue, dont nous avons parlé plus haut, mesure aussi 1m80 de hauteur ; à ses pieds, à gauche, un tronc d'arbre coupé ; c'est l'arbre fatidique auquel étaient attachées les divinités païennes et

---

1. Nous avons retrouvé dans l'église du Saint-Sépulcre d'Abbeville un très beau chandelier aux armes de l'abbaye de Valloires, 1m20 de hauteur, de même un autre en l'église de Saint-Jacques ; ils servent actuellement pour supporter le cierge pascal. A Saint-Jacques d'Abbeville se trouve une superbe lampe de sanctuaire provenant de Valloires et portant les armes de Dom Comeau, une comète ; ces objets sont en cuivre argenté et doré ; ils nous offrent des spécimens de dinanderie, industrie sur laquelle nous avons actuellement une étude sur le chantier pour notre localité. Lors de la Révolution, l'abbaye de Valloires eut à souffrir des exactions de Jacques Petit, de la commune de Vron, puis membre du Conseil général ; de nos jours, l'on voit encore sur la grande route de Vron une belle grille que ce dernier fit enlever de l'abbaye de Valloires.

2. Dom Rogier mourut le 3 décembre 1773, âgé de 64 ans.

que saint Martin fit abattre ; à gauche, le sculpteur Pfaff
a fait figurer aux pieds du pontife le gril de saint Laurent,
avec bâtons enflammés, en souvenir d'un don que Mgr de
la Motte avait fait à l'abbaye de Valloires, d'une relique
insigne du saint martyr, à la suite duquel s'établit un
pèlerinage populaire qui, naguère encore, amenait à
l'abbaye de nombreux pèlerins. L'abbaye possède encore
la précieuse relique. Lors de la révolution, L.-A. Devérité,
le conventionel, s'empara de ces deux statues, les fit transporter à Abbeville et les donna par la suite à la collégiale
de Saint-Wulfran, où elles sont encore actuellement.

Dusevel signale que Pfaff avait orné de sculptures
l'arcade pratiquée dans l'église de Valloires pour recevoir
les tombeaux d'un ancien comte et d'une ancienne comtesse de Pontieu.

Dans la sacristie, l'on voit de Pfaff de riches lambris
encadrant de délicieuses peintures de 1753, de Joseph-
Ignace-François Parrocel, né en 1705, mort en 1782[1]

1. Nous signalerons un curieux document concernant Parrocel qui se
trouve à la Bibliothèque nationale, salon des estampes, voir n° 4813.
Nous n'en donnerons que quelques détails : notice abrégée des
tableaux, dessins, estampes, trouvés après le décès de J.-Y.-F. Parrocel,
peintre du Roi, dont la vente se fera en la grande salle de l'hôtel de
Bullion, rue Plastrière le Lundi 18 février 1782 et jours suivants :
48 tableaux de Parrocel avec bordures.
Le 15e représente Louis XV à mi-corps.
Le 18e, La Multiplication des pains.
Puis : La Pêche miraculeuse.
    L'Assomption de la Sainte Vierge.
    Le Baptême de Notre Seigneur Jésus-Christ.
    Agar dans le désert.
    Jésus-Christ guérissant les malades sur la montagne, même
        sujet que nous signalons en la Chapelle de l'Hôtel-Dieu de
        Saint-Riquier.
    Une Vision de Saint-Martin.
    Résurrection de Notre Seigneur.
Tableaux non bordés :
    Une grande Sainte Famille, proportion nature.
    Etude de Saint Pierre à mi-corps que nous croyons être celle
        qui se trouve actuellement au musée de Valloires.
    Une foule de dessins gravures.
    Notre-Dame de Beauvais.
    M. le marquis de la Ferte, etc.

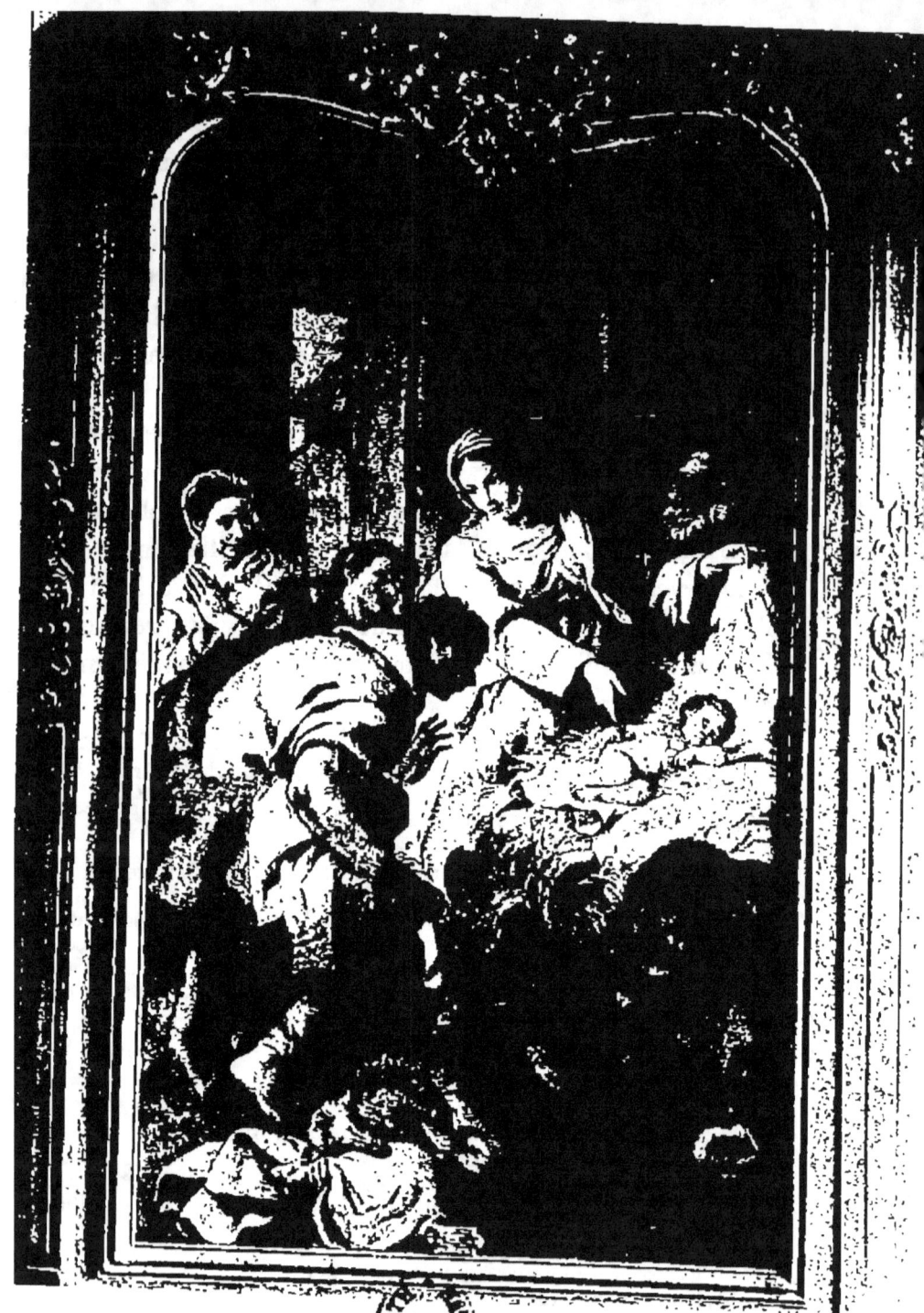

Parrocel 1753

ABBAYE DE VALLOIRES

SACRISTIE

Adoration des Bergers

(documents fournis par l'académie). Dans la sacristie de l'abbaye de Valloires, l'on admire les belles peintures que Parrocel est venu peindre sur place en 1753.

L'adoration des Bergers.

La Fuite en Égypte.

Notre Seigneur au milieu des Docteurs du Temple.

Notre Seigneur au Jardin des Oliviers.

La cathédrale d'Amiens, chapelle des apôtres, possède l'Adoration des Mages.

A Rouen, on possède la Tentation dans le Désert.

Dans la chapelle du fond du chœur de Valloires se trouve un tableau représentant Mgr de la Motte, abbé de Valloires, à genoux au milieu des Cisterciens Dom Comeau et autres, devant une Sainte Vierge et l'Enfant Jésus ; c'est un tableau votif en mémoire de la consécration de l'église de l'abbaye de Valloires qui eut lieu le 5 septembre 1756 ; au-dessus de la porte d'entrée de la sacristie de l'abbaye de Valloires, intérieurement, l'on admire, richement enca-drée, une toile de Boucher, représentant saint Jérôme dans le désert; il en existait une autre représentant saint Bernard dans la solitude ; l'on présume qu'elle doit se trouver à Amiens.

Notre appréciation sur le sculpteur Pfaff va se trouver confirmée par un éloge de cet artiste daté de 1770. Grâce à l'obligeance de notre bien regretté ancien Vice-Président de la Société d'Émulation d'Abbeville, M. A. Van Robais, dont nous avons gardé un si bon souvenir, nous avons eu communication d'un ouvrage devenu fort rare intitulé : *Bagatelle ou description anacréontique d'une maison de campagne dans un des faubourgs d'Abbeville,* vᵉ Devérité, 1770, in-8° ; cet ouvrage sans nom d'auteur est de Sedaine Michel-Jean, poète et auteur dramatique, membre de l'Académie fran-çaise, né en 1719, mort en 1797. Le poète était venu faire un séjour à Bagatelle, villa bâtie par M. Van Robais, en 1754, appartenant actuellement de M. Warnier de Wailly, notre collègue. Nous lisons dans l'avant-propos :

« Le séjour que j'ai fait dans cette ville (Abbeville) m'a mis à portée de connaître des gens à talents en tout genre et je m'en voudrai toute ma vie de ne pas les avoir connus plus tôt. Est-il possible par exemple que, dans un siècle où les arts fleurissent avec tant de vigueur, que sous les ministres qui se font un devoir de les employer, on ait laissé jusqu'à présent languir dans le fond d'une province un sculpteur tel que M. Pfaff. Ceux qui me demanderont quels sont ses chefs-d'œuvre, je les enverrai ou plutôt je les conjurerai d'aller voir son Assomption dans l'église des Bernardins de l'abbaye d'Ourscamps (diocèse de Noyon)[1] et tous les morceaux différents dont il a enrichi Abbeville, même Saint-Riquier, etc.; c'est là que les vrais connaisseurs trouveront matière à se satisfaire, et je puis avancer en mon petit particulier que j'en ai vu de moins habiles employés dans les cours. Cet artiste me permettra de lui dire qu'il aurait dû tant pour lui que pour sa famille se faire connaître plus universellement; est-ce timidité? est-ce négligence de sa part? je n'en sais rien, je ne connais que ses ouvrages, mais... revenons à notre Bagatelle. »

1. Malgré toutes nos recherches, nous n'avons pu découvrir ce qu'était devenue l'Assomption d'Ourscamps. Le vénérable chanoine de Cagny, décédé depuis peu, ami intime de M. Peigné-Delacourt, dont la famille est rétablie propriétaire de l'abbaye d'Ourscamps, nous a signalé qu'un grand retable de sculpture à l'antique représentant la Naissance, Vie de la Sainte Vierge et Passion de Notre-Seigneur provenant d'Ourscamps se trouvait actuellement placé au chœur de l'église paroissiale de Saint-Quentin. Nos recherches de ce côté ont été aussi infructueuses.

§ II. — SAINT-RIQUIER

II

SAINT-RIQUIER

MAISON HABITÉE PAR LE SCULPTEUR PFAFF

ANS la maison habitée par notre sculpteur, située dans la grande rue en face le beffroi, on trouve encore quelques œuvres de cet artiste sculptées et peintes en blanc sur lambris[1].

Au-dessus d'une porte qui donne entrée dans l'appartement autrefois le salon de Pfaff, l'on voit sculpté dans le haut : un nœud d'amour, puis les attributs de la pêche : un trident croisé par un filet (épuisette munie d'un manche), anguilles contenues dans un filet, poissons divers réunis dans un chalut muni d'anneaux, le tout entouré de feuilles de plantes aquatiques.

Du côté de la rue, sur un panneau mobile, appliqué sur le lambris : un nœud d'amour puis un aigle aux ailes éployées, tenant dans ses serres un serpent, forme de vipère dont il soulève le corps avec le bec et dont l'autre moitié retombe. Singulier détail : la tête du serpent représente celle d'un singe à l'oreille de forme humaine. Sous une petite glace, dans le bas, une console sculptée à jour ; le dessin rappelle une grecque.

1. Cette maison appartient actuellement à la famille Cantrel ; elle est occupée par le médecin du petit séminaire et de l'hospice de Saint-Riquier.

A gauche, un nœud d'amour, panneau sculpté, les attributs de la chasse : un carquois muni de flèches se croisant avec deux lances, branchages, tête de biche, cor de chasse.

Sur la cheminée, à droite et à gauche torsades, nœud d'amour, les emblèmes de la musique, une guitare se croise avec une flûte; dans le bas, triangle et anneaux, un cahier de musique ouvert dans le milieu portant les notes gravées; l'on pourrait facilement reconstituer l'air inscrit. Sous ce panneau, une étroite bande horizontale, torsades à droite et à gauche; dans le milieu, un rond dans lequel se trouvent entrelacées les lettres D. R. Les grands-parents de la famille C..., propriétaires de cette maison, s'appelaient de Raismes; ils furent, nous a-t-on dit, anoblis par suite d'une grande libéralité lors d'une famine à Péronne. Au-dessous, glace et foyer.

Sur la porte du fond de l'appartement opposé à la rue, l'on voit un panier sur le bord duquel est posé un oiseau, tourterelle; dans le panier, raisins, pommes, prunes; sur l'anse du panier, une autre tourterelle qui regarde celle qui est placée au-dessous, un carquois, muni de flammes traversé par un rameau (l'Hyménée).

CHAPELLE DE L'HOTEL-DIEU

Lors de la construction de cette chapelle, 1717-1719, trois menuisiers travaillèrent environ deux années avec un sculpteur de Frévent pour en établir les boiseries. Ce travail, bien fait, ne dépasse pas le talent d'un menuisier de région, habile et expérimenté.

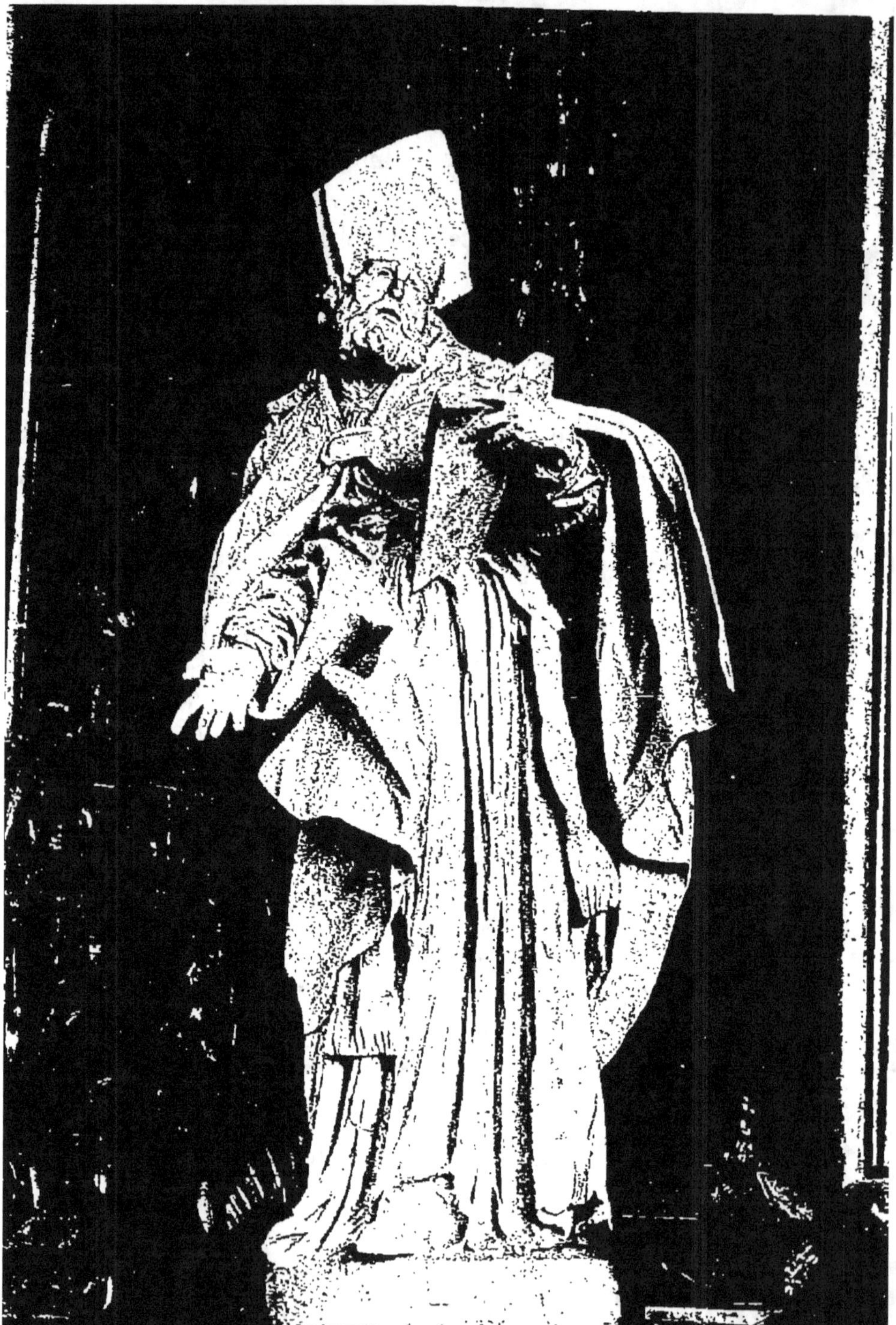

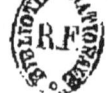

SAINT-RIQUIER

CHAPELLE DE L'HOTEL-DIEU

Saint Nicolas

Le dimanche 11 août 1720, Mgr l'évêque d'Amiens, Sabatier, consacra l'église de l'hôtel Dieu de la ville de Saint-Riquier, qui venait d'être faite à neuf.

Vers 1751, le sculpteur Pfaff orna cette chapelle. Dans le haut, sur le retable du fond, il y exécuta un groupe en bois sculpté et doré; un ange tient la croix; à ses pieds, un autre ange tient le calice; dans le bas, à droite et à gauche, un petit ange.

Plus bas à droite et à gauche, hauts reliefs : deux grands médaillons entourés de deux palmes, bois sculpté et doré. L'un représente Jésus guérissant un malade, probablement la belle-mère de saint Pierre (allusion à la pratique de la charité) ; l'autre, Jésus recevant l'hospitalité chez sainte Marthe, patronne des religieuses hospitalières, et sainte Madeleine (allusion à la Charité). Puis viennent les deux splendides statues de saint Nicolas et saint Augustin, plus grandes que nature, en bois, peintes en blanc sur de gracieux supports se terminant par une rose. Le saint Augustin est coiffé de la mitre, la figure ornée d'une belle barbe; il tient le bras droit levé et de la main gauche soutient un livre ; Maurice Grare, alors maréchal-ferrant, servit de modèle pour cette statue qui avait, dit-on, de sa ressemblance. Le saint Nicolas qui fait le pendant, a le corps très mouvementé, la tête coiffée de la mitre, tient de la main gauche un livre, le bras droit tombant. Saint Nicolas est le titulaire de l'hospice de Saint-Riquier; saint Augustin, législateur des ordres religieux, est le patron des dames de l'hospice qui sont des Augustines.

A droite et à gauche de l'autel, deux admirables anges adorateurs, bois doré; l'un rappelle l'amour, l'autre la crainte. Leurs supports se terminent aussi par une rose.

Sur le grand autel, le tout doré, on voit sur la porte du tabernacle un agneau reposant sur le livre des évangiles

muni de ses sinets pendants, encadrement style Louis XV ;
deux volutes surmontées d'une tête d'ange chacune ; dans
le bas du tabernacle, en relief, à droite et à gauche,
raisin, froment, feuilles de vigne, attributs de la Sainte-
Eucharistie ; ces derniers objets sont en plomb et dorés ;
ce détail particulier à notre sculpteur équivaut pour nous
à sa signature. Le coffre du grand autel est orné, dans le
milieu, d'un gracieux cadre sculpté encadrant une grande
vitre, derrière laquelle se trouvent des reliques.

Dans le chœur, à droite et à gauche, deux consoles
appliques (crédences) bois doré (bois tendre) ; elles sont
chacune d'un seul morceau de bois ; la tablette de chaque
console peut avoir au minimum 0,60 c. ; au-dessus de
chacune d'elles, deux têtes d'anges jumelles ailées, dans un
nuage, dont l'expression de figure est délicieuse. On
retrouve à Valloires ces deux têtes d'anges.

La gloire actuelle n'est pas de Pfaff ; il en existait une
autre sur le lambris du fond que l'on voit encore ; anciennement, l'autel devait être appliqué contre le mur ; actuellement, il en est éloigné, ce qui permet de circuler
derrière.

Au-dessus de l'autel, un très beau tableau frappe les
visiteurs ; il représente Notre Seigneur assis sur un monti-
cule et prêchant la patience aux malheureux qui viennent
implorer son secours. Au premier plan, une jeune femme
présente ses deux enfants dont l'un est étendu mort sur
ses genoux ; à gauche, toujours au premier plan, un
paralytique. Au second plan, à droite, un boiteux demande
sa guérison ; à gauche, un sourd-muet est présenté par un
ami. Le Sauveur est au troisième plan, se détachant
vigoureusement sur les vêtements de deux disciples assis
près du maître.

Après le décès d'Ignace-François Parrocel, peintre du
roi, décédé en 1782, figure sur la liste des tableaux de ce

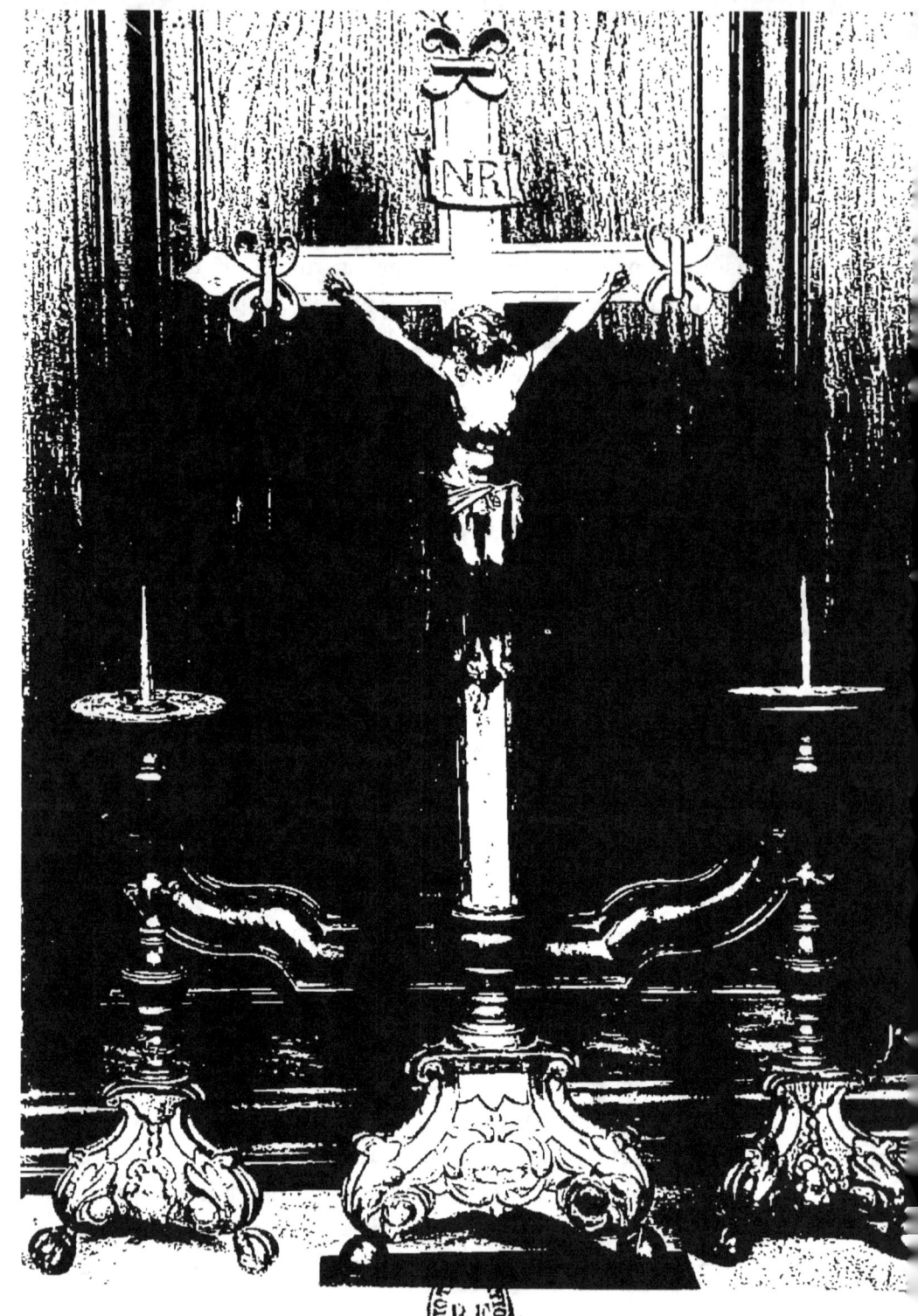

SAINT−RIQUIER

CHAPELLE DE L'HOTEL-DIEU

Le Crucifix ci-contre dimension plus grande

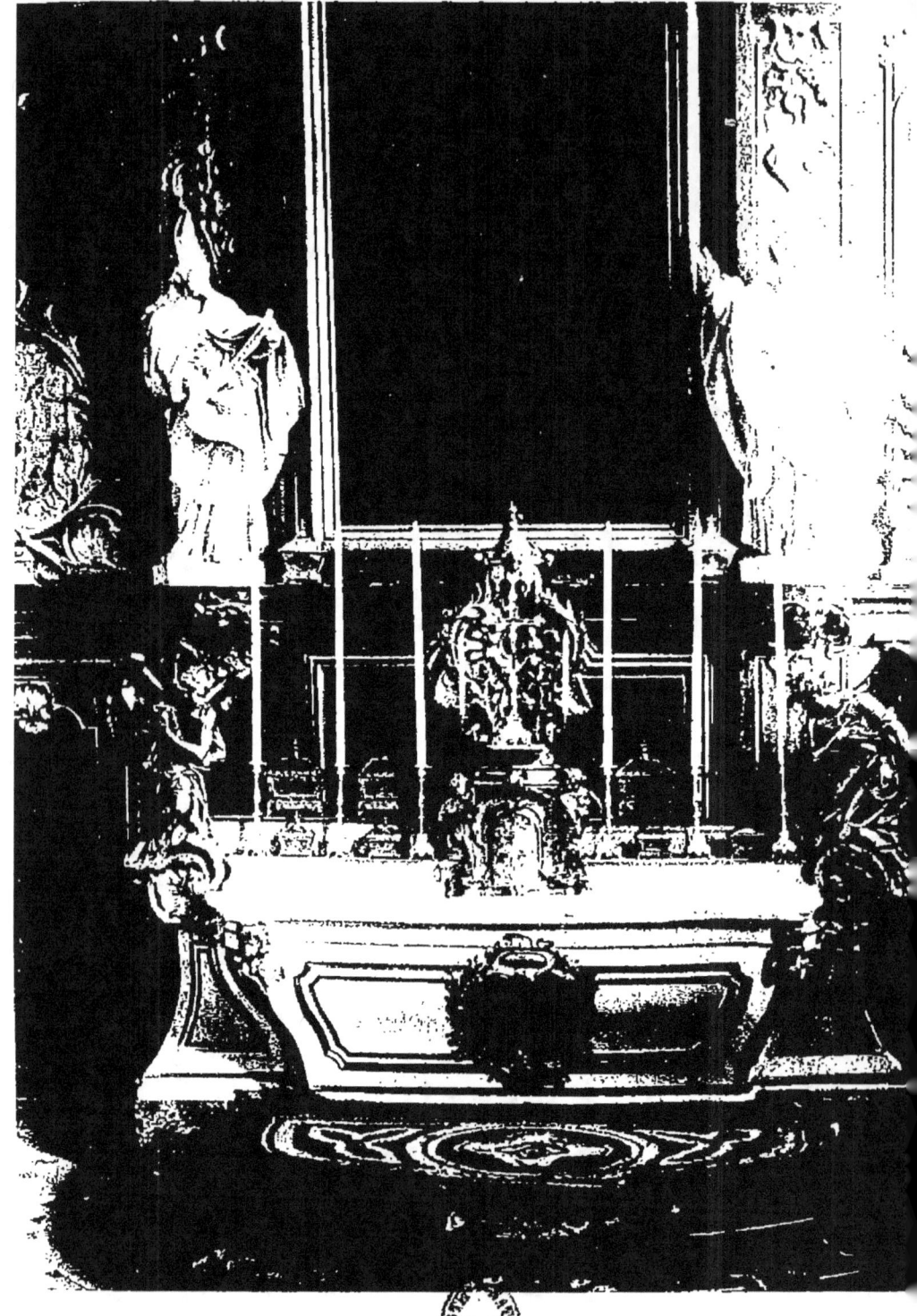

SAINT—RIQUIER

CHAPELLE DE L'HOTEL-DIEU

Maitre-autel

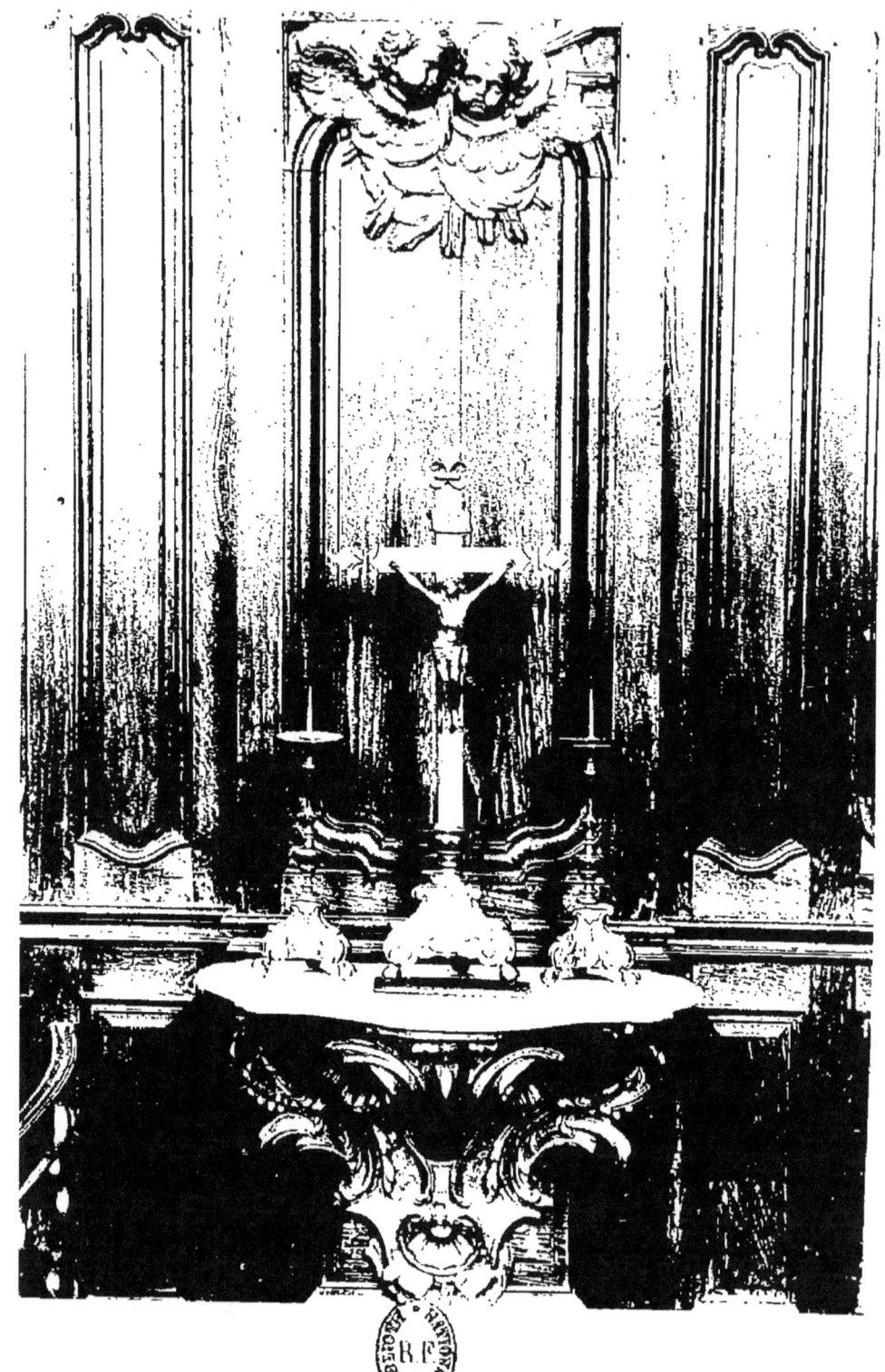

SAINT-RIQUIER

CHAPELLE DE L'HOTEL-DIEU

Crédence d'un seul morceau de bois.
Chandeliers et anges sculptés par S. Pfaff.

peintre mis en vente à Paris, le 18 février 1782, un tableau, même sujet que celui que nous venons de décrire sous la légende de Jésus-Christ guérissant les malades sur la montagne ; et, au-dessus de la porte d'entrée des malades à l'église, un autre tableau d'un mérite inférieur à celui ci-dessus, représentant un malheureux implorant la pitié de Jésus qui passe entouré de ses disciples. Une belle grille en fer forgé sépare le chœur de la nef.

Sur notre prière, M. l'abbé Bouthors, aumônier, a bien voulu faire des recherches dans les archives de l'hôtel-Dieu de Saint-Riquier et nous a communiqué les renseignements suivants :

Dans le compte des recettes et dépenses de fin septembre 1752 au 1er octobre 1753, on trouve cette mention sommaire article 8 :

Dépenses au sculpteur Pfaff pour ouvrages de l'église. 2536^1

Puis le compte des pavés.

Pour deux tables apliques *(sic)* pour servir de crédences . . . . 52^1

Pour tableau de l'autel et celui de la porte.   825^1 9^s

Pour un christ. . . . .   52^1

Ce Christ se trouve encore à l'hôtel-Dieu de Saint-Riquier ; il est en bois sculpté avec deux chandeliers de même. La croix est fleurdelisée à chaque branche ; au-dessus du Christ, INRI. Le Christ est merveilleusement travaillé, la tête levée au ciel, sans couronne d'épines, les cheveux finement sculptés, le linge des reins retenu par une corde retombant à gauche. Il est de même, mais à droite, dans le beau Christ de Girardon qui orne l'église de Saint-Riquier, aussi sans couronne d'épines ; Pfaff a dû s'inspirer de ce chef-d'œuvre pour son travail.

§ III. — AVALLON (Yonne)

III

AVALLON (Yonne)

SA DERNIÈRE ŒUVRE

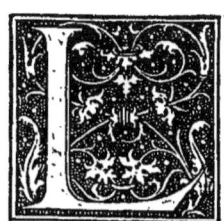E sculpteur Pfaff ne trouvant plus de travaux à entreprendre ni à Abbeville ni à Saint-Riquier prit le parti d'aller s'établir à Avallon ; il s'y rendit vers le mois d'avril 1784, car nous trouvons dans son inventaire après décès en cette ville en date du 14 juillet 1785 : un inventaire des papiers laissés par le défunt à M. Callé, curé de Saint-Riquier, avant son départ pour Avallon à la date du 20 avril 1783, signé dudit Callé et paraphé par le défunt, ainsi qu'une reconnaissance sans date contenant remise des papiers par le défunt audit sieur Callé, cotées 2. — Plus les lettres de naturalité accordées au défunt par Sa Majesté du mois de novembre 1758, signées, scellées, insinuées à Paris le 9 février suivant, cotées 2 et 3. — Plus six lettres écrites au défunt par le sieur Ledreux de Paris, rue Saint-Germain-l'Auxerrois, près celle Saint-Denis et cotées sur celle en date du 15 novembre 1782. 5. — Plus une liasse de différents papiers renfermant des marchés, entreprises d'ouvrages du défunt avec des religieux de différents ordres. Iceux joints et attachés ensemble, coté sur celui qui est à la date du 12 février 1759 et coté 7.

Nous regrettons bien vivement de n'avoir pu découvrir

ces deux derniers dossiers dans lesquels nous eussions recueilli de précieux documents pour les œuvres de Pfaff.

Le sculpteur Pfaff demeurait à Avallon en la maison du sieur Faivre, où il prenait sa pension ; il avait un appartement au premier donnant sur le creux de la halle ; c'est là que la mort vint le surprendre le 17 juillet 1784, tenant encore entre les mains le ciseau de son admirable talent.

François d'Arthault, conseiller du roi, lieutenant civil au bailliage et chancellerie d'Avallon, après en avoir été requis, se transporta avec son greffier chez M. Marie-Claude Faivre, bourgeois, chez lequel demeurait le sculpteur Pfaff, décédé le jour d'hier environ à neuf heures du matin, et apposa les scellés sur les fermetures de l'appartement du défunt, les héritiers étant absents.

Le 19 juillet suivant, M. François d'Arthault reçut une requête à lui présentée par messire César-Edme-François de Fresne, chevalier, seigneur de Montjallin, Sully et autres lieux, demeurant audit Montjallin. Il se transporta avec M. le procureur du Roi en la maison du sieur Faivre et là, comparut M. le seigneur de Fresne, lequel exposa que M. le comte de Cressia, son beau-frère, aurait fait entreprendre audit défunt de faire six bustes en plâtre représentant le défunt messire Claude-Marc-Antoine d'Apchon, archevêque d'Auch, moyennant le prix convenu qu'il a pris. Que ledit défunt avait encore par devers lui le moule, le buste en terre cuite et le portrait dudit archevêque en gravure et un autre au crayon ; pourquoi nous aurait requis de faire la levée des scellés sous lesquels peuvent être lesdits portraits en gravure, au crayon, et en accorder distraction au nom de M. de Cressia, qu'il représente, et faire état à la succession de Pfaff de ce qui pourra rester dû du prix convenu.

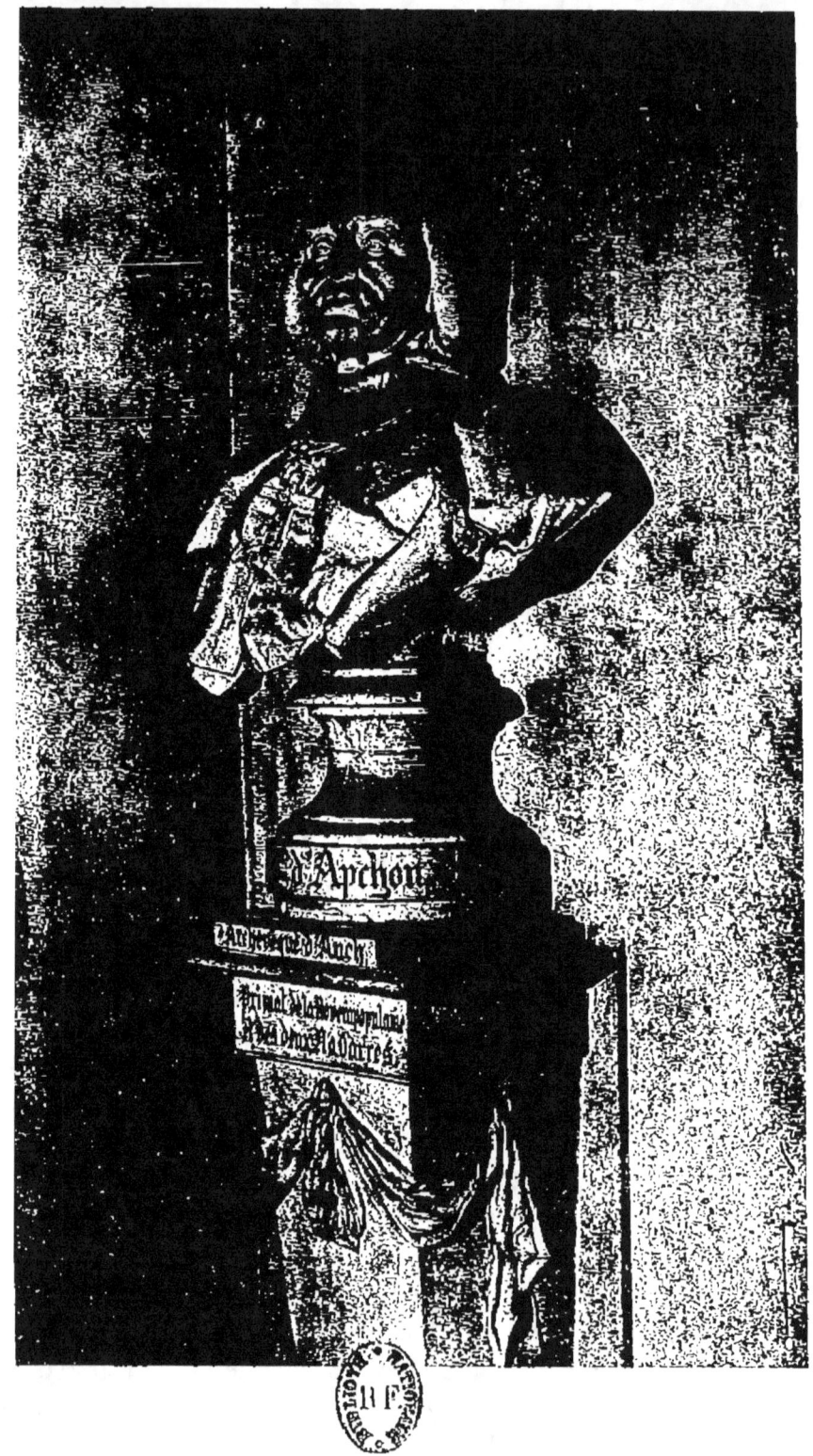

AVALLON

Buste de Mgr d'Apchon, archevêque d'Auch

Dernière œuvre du sculpteur S. Pfaff

Faisant droit sur lesdites réquisitions, après avoir ouï
le sieur Faivre lequel a déclaré qu'il était de sa parfaite
connaissance que le défunt avait entrepris du seigneur de
Cressia de faire les bustes dont s'agit moyennant une
somme de quinze louis à compte desquels il a reçu cinq
louis, que ledit défunt avait associé lui Faivre dans ledit
marché à condition qu'il lui fournirait tous les matériaux
nécessaires et l'aiderait dans le gros desdits ouvrages.
Attendu que le sieur Pfaff était d'une santé trop délicate
pour faire seul lesdits ouvrages. Pourquoi le sieur Pfaff
ne devait toucher que lesdits cinq louis et ledit Faivre les
dix autres. S'il ne nous a pas fait apparaître lesdits bustes
lors de notre apposition des scellés, c'est qu'il a cru qu'ils
lui appartenaient pour son payement; mais qu'au moyen
de la soumission ci-dessus faite, il consent que lesdits
bustes soient remis à M. le seigneur de Montjallin. La
gravure, dessin, moule et buste de Mgr d'Apchon [1] furent
remis au seigneur de Montjallin au nom de M. le comte
de Cressia.

Nous voyons par la suite, à la date du 12 janvier 1786,

1. Claude-Marie-Antoine d'Apchon naquit à Montbrison vers 1723
et mourut à Paris en 1783. Primat de la Novempopulanie et des deux
Navarres*. Dans sa jeunesse, il suivit la carrière des armes qu'il
abandonna pour embrasser l'état ecclésiastique. On cite de ce ver-
tueux prélat une multitude d'actes de bienfaisance et de dévouement.
Dans un incendie à Dijon, où il était alors évêque, il offrit 200 louis à
celui qui sauverait deux enfants en danger de périr; personne ne bouge ;
l'évêque place une échelle, s'enveloppe dans un drap mouillé, passe par
une fenêtre à travers les flammes et reparaît avec les deux enfants sur
les épaules ; aussitôt la maison s'écroule. Il consacra la récompense
promise au profit de ces enfants.

Dans une autre circonstance, une émeute populaire occasionnée par
la famine qui sévissait à Dijon, la multitude menaçait de se porter à
des excès contre lesquels la sévérité des lois et la force des armes
devaient être impuissantes. La seule présence de l'évêque calma les
esprits et tout rentra bientôt dans l'ordre.

On possède de ce vénérable prélat des instructions pastorales pleines
d'onction. (Richard et Giraud, Bibliothèque sacrée, tome XVIII,
p. 111).

* Novempopulanie ou Aquitaine troisième, depuis Guyenne, province du diocèse de
Gaule, ainsi nommée des neuf peuples qu'elle contenait. Auch était la ville principale de
la province.

que le fondé de pouvoirs des héritiers du sculpteur Pfaff reconnaît avoir reçu de M. le comte de Cressia, par les mains et des deniers de M. le comte de Fresne, seigneur de Montjallin, Saint-Aubin, Bauvillers, etc., demeurant en son château de Montjallin, la somme de 126 livres, que ledit comte de Cressia devait à la succession du sculpteur Pfaff, dont quittance signée de Fresne.

Avec le bienveillant concours de M. Paul Davout, qui habite le château d'Annoux (Yonne), nous avons pu découvrir un des bustes de Mgr d'Apchon, qui se trouve au château de Vignes, à peu de distance de Montjallin. Aujourd'hui, le château de Montjallin (Yonne), canton de Sauvigny-lès-Bois, appartient à M. de Perthuis. M. le comte de Fresne laissa quatre filles qui se partagèrent les bustes de l'archevêque d'Auch. L'une de ces demoiselle avait épousé M. Davout ; les petits-fils de cette dame ont encore le château de Vignes où se trouve un des bustes de Mgr d'Apchon, dont nous donnons ci-contre la phototypie, d'après une photographie que nous devons à l'obligeance de M. Paul Boise.

Dans le même inventaire, dressé à Avallon le 14 juillet 1785, nous relevons quelques détails relatifs aux costumes de cette époque :

Art. 6. — Un habit et une culotte de drap de Louvier, couleur prune monsieur, garnis d'olives et de graines d'épinards.

Art. 7. — Une veste, une culotte de satin citron, garnie en tresses et boutons d'or.

Art. 15. — Boucles de souliers, jarretières, porte col, tout d'argent.

Art. 20. — Une épée à poignée d'argent.

Les objets d'art, de famille furent renvoyés à Saint-Riquier avec les papiers à M. Callé, curé, pour être remis aux héritiers par M. Malot, receveur des domaines à Avallon à la date du 21 février 1786.

Nous trouvons encore de précieux documents contenant de nombreux éloges sur le sculpteur Pfaff dans différents articles : *Affiches, annonces et avis divers de Picardie, Artois et Soissonnais,*que notre honoré collègue, M. le comte A. de Louvencourt, a bien voulu parcourir sur notre prière à la bibliothèque d'Amiens ; nous sommes heureux de lui en témoigner ici nos remerciements.

Extrait des *Annonces et Affiches de Picardie*, année 1770, page 11, nᵒ du 20 janvier.

« M. Pfaff, célèbre sculpteur, résidant à Abbeville, vient de terminer la statue de sainte Angèle[1] ; cette figure a six pieds de proportion est destinée à orner le maître-autel de l'église des Ursulines de cette ville[2], elle est dessinée avec beaucoup de noblesse, son attitude est des mieux saisie, elle est debout auprès d'un priez Dieu *(sic)*, tenant de la main gauche un livre ouvert et de la droite un crucifix vers lequel elle se penche affectueusement. La candeur et la modestie sont peintes sur son visage, tout y annonce l'amour divin, dont cette vraie religieuse est pénétrée, son corps a toute la souplesse de la nature, il est adroitement balancé sans perdre de grâce, la draperie laisse apercevoir toute l'élégance du nu, les plis en sont simples, larges d'une manière savante. Enfin cette belle figure a mérité non-seulement l'applaudissement des amateurs des beaux-arts, mais encore un éloge plus distingué de la part de M. Péronneau, peintre de l'académie Royale de peinture et de sculpture à Paris, qui est actuellement à Abbeville ; c'est d'après cette figure, a-t-il dit à plusieurs jeunes élèves qui lui demandaient la

1. Sainte Angèle Mérici fut la fondatrice des Ursulines ; ne voulant pas que sa famille religieuse fît usage de son nom, elle mit son œuvre sous l'invocation de sainte Ursule.

2. Actuellement institution Saint-Stanislas.

permission de copier quelques-uns de ses portraits, que
vous pourrez faire d'excellentes études ; je n'ai rien à vous
offrir qui en approche ; à ce trait, on reconnaît le vrai
mérite, il met en même temps le comble à l'éloge de
M. Pfaff à qui un homme de mérite et distingué par son
goût pour les arts a adressé cet impromptu :

Angèle à ton ciseau doit sa nouvelle vie ;
Tu rends jusqu'à l'ardeur de son amour divin,
La nature à ton art est toujours asservie.
Dans le chef-d'œuvre, ami, je reconnais ta main ;
Péronneau qui le voit, avec transport l'admire,
Sa gloire s'embellit en louant tes talents,
Mon cœur est enchanté de son noble délire ;
Ah ! permets qu'avec toi j'en partage l'encens.

Page 196, supplément I.

Extrait d'une lettre écrite de Soissons le 26 novembre 1790, au Directeur
des *Affiches de Picardie.*

M. Pfaff, célèbre sculpteur, résidant à Abbeville, connu
par ses beaux ouvrages et notamment par sa statue de
sainte Angèle qui lui a mérité le plus grand éloge de
M. Péronneau dont il a été parlé dans votre feuille n° 3,
termine maintenant deux anges derrière le maître-autel
de la cathédrale de Soissons ; l'un posé sur un nuage
éclairé par une très belle gloire, fléchit un genou et présente une draperie d'où sortira la suspension ; l'autre, qui
est plus bas à genoux sur un autre nuage, adore le
Très-Saint Sacrement. Ces deux morceaux seront dignes
de l'admiration des curieux ; les personnes de goût qui
ont été les voir, assurent que le dessin est des plus élégant,
la nature y est parfaitement imitée, la candeur et la
modestie, l'amour divin, tout parle dans ces deux figures
qui ont environ six pieds. Vous avez une cathédrale

superbe à Amiens ; je l'ai vue cent fois : la nôtre est très
délicate aussi, sans cependant valoir la vôtre, mais j'ai
peine à me persuader que les nouvelles décorations de
votre église soient aussi belles et aussi nobles que celles
de Soissons ; j'ai entendu parler si différemment de la
gloire qui fait fond au grand autel d'Amiens qu'une description de cet ouvrage ne pourrait que faire plaisir à vos
lecteurs (n° du 8 décembre 1770, communiqué par
M. Robert Guerlin).

Extrait du journal des *Affiches et Annonces de Picardie,* 1773, page 144.

EXTRAIT D'UNE LETTRE ÉCRITE D'ABBEVILLE A M. LE Cte DE H.
LE 28 AOUT 1773.

Elle est enfin achevée cette statue de marbre dont je
vous ai souvent entretenu. C'est un chef-d'œuvre, il y a
au moins six ans que M. Pfaff en a conçu le projet,
le hasard lui a procuré un excellent modèle, il en
a bien profité, la hauteur est de deux pieds huit pouces,
elle a tout le svelte et le moelleux de la belle nature ; à
la régularité des formes, à l'élégance des proportions, on
la prendrait d'abord pour une antique. C'est Vénus qui
vient de naître et sortir de l'onde, elle presse de ses mains
ses cheveux encore mouillés et d'où l'on voit encore
découler l'eau. En vain un sentiment d'étonnement et
d'inquiétude lui fait baisser les yeux et croiser les jambes,
son port, ses appas, ses charmes annoncent et manifestent
la mère des amours, partout le ciseau de l'artiste a exprimé
la beauté, tous les traits sont touchants, les contours
souples et coulants, l'exécution soignée et en partie
couverte d'une draperie légèrement jetée. On y distingue
la ceinture des grâces, en bas est une coquille de mer
qui désigne le lieu de la scène, à la droite, sur la crête

du rocher sont deux colombes, le mâle y paraît plein
d'ardeur et de feu, tandis que la femelle, qui feint de
s'en occuper, semble éplucher nonchalamment les ailes.
M. Pfaff est né à Vienne (Autriche), il s'est marié il y a
quelques années à Abbeville, et si sa retraite en province
a paru nuire à sa célébrité, elle n'a rien diminué d'un
talent qui mérite d'être connu, accueilli et distingué.

Année 1778, page 100, n° du 20 juin.

M. le vicomte de Buissy, chevalier de Saint-Louis, a
eu l'honneur, le 10 du mois dernier (mai) de présenter
à Mgr le comte d'Artois, le dessin d'un monument que
ce prince a bien voulu permettre qu'on lui consacrât
dans la châtellenie de Long (comté de Ponthieu) sur un
ancien chemin d'Abbeville à Amiens. Ce monument
construit en 1777, sur les dessins de M. Lemoine,
architecte et ancien pensionnaire dn Roi à Rome, a la
forme d'un obélisque carré portant 70 pieds de hauteur y
compris le piédestal et le couronnement de son aiguille,
soutenue par quatre lions de bronze et terminée par une
boule sur laquelle est posé un aigle, les ailes à demi
déployées, tenant un foudre dans les serres, le tout de
métal, sur la principale face de cet édifice, un bas-relief
composé d'un génie portant le médaillon du prince. Tous
ces différents ornements ont été fondus par Pfaff, demeurant à Saint-Riquier, près d'Abbeville.

Nous nous sommes rendus à Long avec M. Alcius
Ledieu, qui voulut bien nous accompagner ; nous fûmes
gracieusement accueilli par M. Roze, maire de la commune, qui mit à notre disposition les archives municipales dans lesquelles nous avons puisé des documents
concernant le monument élevé en l'honneur de Mgr le

comte d'Artois. Puis, M. le Maire nous fit traverser le château dans lequel se trouve un splendide salon Louis XV,
orné de beaux dessus de portes et de peintures représentant les douze signes du Zodiaque et nous conduisit dans
le parc sur l'emplacement même où se trouvait placé
l'obélisque, qui faisait face à l'ancienne entrée du château.
Il était alors dans les terres, en dehors du parc qui a été
augmenté depuis. Cette charmante résidence fut construite
en 1735 par M. le vicomte de Buissy. Nous donnons dans
les pièces justificatives les intéressants documents que nous
avons relevées dans les archives municipales de Long concernant cet obélisque.

Extrait des *Annonces, Affiches de Picardie*, 1779, p. 30.

Enfin, dit M. Sellier [1], professeur des Arts, nous avons
dans Amiens des ouvrages de M. Pfaff, sculpteur célèbre,
qui réside depuis longtemps dans la paroisse et qu'il a
enrichie des beautés de son art. C'est, dans l'église du
séminaire, aux autels collatéraux, une Vierge et un saint
Vincent de Paul. Ces deux figures sont d'une excellente
draperie; elles sont faites pour servir de modèles aux
élèves dans la sculpture, pour être mises à côté des
chefs-d'œuvre que nous ont laissé les Blasset, les Cressent,
les Dupuis et pour inviter et exciter les citoyens amateurs
des Beaux-Arts, à employer un talent aussi distingué que
celui de M. Pfaff [2].

1. M. Sellier, architecte, fondateur de l'école de dessin à Amiens
en 1758. (Dr Goze, 4e volume p. 127). Pfaff aurait fait un élève à
Amiens, M. N... Morgand, auteur de deux statues à Saint-Firmin-
le-Confesseur. (Communication de M. Guerlin).

2. L'on trouve dans la Picardie historique et monumentale (Amiens
page 170), église Saint-Leu : Dans une des chapelles latérales, une
statue de la Sainte Vierge (côté nord), paraît ancienne, n'est pas sans
mérite; elle est accompagnée d'un saint Joseph insignifiant et d'un

Affiches de Picardie, 23 novembre 1782.

SALON DES ARTS

L'ouverture du Salon des Arts d'Amiens se fera le dimanche 24 de ce mois, dans la grande salle de l'Hôtel-de-Ville, sous la protection du Gouvernement et du Corps municipal; on y distingue déjà plusieurs morceaux de peinture, sculpture et autres, exécutés par de jeunes artistes de cette ville, entre autres une Vénus de trois pieds de hauteur par M. Pfaff. L'on n'a pas cru à Paris que ce morceau inestimable fût exécuté par un sculpteur de province, mais on a des garants que ce chef-d'œuvre est sorti des mains de cet artiste.

Affiches de Picardie du samedi 11 janvier 1783.

Suite de l'article du salon de peinture, etc., inséré dans les deux dernières feuilles.

M. Pfaff, sculpteur à Saint-Riquier, près Abbeville. Nous ne pouvons donner trop de louanges à sa belle statue de Vénus sortant de la mer [1] au moment de sa naissance;

saint Vincent de Paul dont la tête est fort belle. Ce saint Vincent de Paul ne serait-il pas celui du sculpteur Pfaff, baron de Pfaffenhoffen, autrichien qui vint se fixer à Abbeville. M. A. Janvier consacre une notice à Jacques Sellier, architecte et premier directeur de l'Ecole des beaux-arts à Amiens, dit que cet homme de goût signalait à l'admiration des connaisseurs un Saint Vincent de Paul destiné à l'église du séminaire d'Amiens. Nous avons quelques raisons de croire que la statue qui se trouve actuellement à l'église Saint-Leu d'Amiens pourrait bien être l'œuvre de Pfaff, d'après M. Janvier.

1. Nous voyons d'après l'inventaire du 16 septembre 1784, fait après le décès du sculpteur Pfaff, que cette statue de marbre, Vénus sortant de la mer, fut, du consentement des héritiers présents, remise à Jean-Georges Pfaff, qui la transporta à Paris et la déposa chez le sieur Brice, marchand bijoutier, quai de l'Ecole, pour y être vendue plus avanta-

belle dans son ensemble, elle peut dans les détails soutenir l'examen le plus sévère. C'est la nature dans toute sa perfection. On y trouve à la fois la finesse des contours, l'élégance des formes, la délicatesse des attaches et la souplesse qui doit caractériser la déesse de la Beauté. L'expression de la tête est aussi noble que séduisante ; les bras, les coudes sont remplis de détails précieux qu'on ne se lasse point d'admirer. On voit par les efforts que font ses belles mains qu'elles achèvent de faire sortir l'écume de la mer restée dans cette grande masse de cheveux qui contraste si bien avec la délicatesse des bras. La suite à l'ordinaire prochain. (Ces deux derniers articles communiqués par M. É. Delignières.)

Dans les parties de bâtiments qui restent encore de l'abbaye de Cercamps, près Frévent, arrondissement de Saint-Pol (Pas-de-Calais [1]), on se trouve en présence de jolies sculptures rappelant celles de Valloires ; par les documents, nous savons que Dom Comeau, prieur de Valloires et provincial des Cisterciens, a présidé activement

geusement, attendu qu'elle ne pouvait être appréciée à Saint-Riquier, ni vendue à sa valeur. Dans l'espoir de retrouver cette statue, nous nous sommes adressé par l'intermédiaire de M. E. Prarond, à M. le marquis de Chennevières, directeur honoraire des beaux-arts et membre de l'Institut, qui a bien voulu nous répondre qu'il n'a pas connaissance que cette statue se trouve au Louvre ni dans les collections particulières à Paris. Nous voyons par l'état du produit de la vente des meubles et effets du défunt Pfaff, en date du 4 mars 1786, que du vivant du sculpteur on lui avait offert 2.000 livres pour l'acquisition de cette Vénus. Elle fut transportée chez le sieur Brice, marchand joaillier, demeurant à Paris au grand ballon de pierre, quai de l'Ecole, par le sieur Jean-Charles Piollé, messager à Coulonvillers. Le prix du transport s'éleva à la somme de 30 livres suivant quittance du 1er décembre 1785. Nous ne savons ce qu'elle a pu devenir, on suppose qu'elle doit se trouver au delà du continent.

1. Cercamps se trouve à un kilomètre de la gare de Frévent, dans une vallée arrosée par la Canche. Cet abbaye de l'ordre de Citeaux, fondée en 1137 par Hugues de Campdavesnes, eut à souffrir maintes fois du fléau de la guerre, fut vendue en 1822 à M. le baron de Fourment, fut convertie en manufacture. En 1871, un incendie dévora la filature et respecta l'habitation de M. le baron de Fourment, dont les appartements sont encore ornés de superbes lambris de chêne sculpté.

à la reconstruction de Cercamps, par l'architecte de Valloires [1] et que Pfaff y a travaillé. Lors de l'inventaire dressé
après le décès de la femme de Pfaff, passé devant
Me Watel, notaire à Abbeville, le 31 décembre 1773, il y
est mentionné que Pfaff remet une liasse de pièces rela-
tives à sa profession de sculpteur, concernant l'abbaye de
Cercamps, de même après le décès de Pfaff, suivant
l'inventaire dressé par Me Buteux, notaire à Saint-Riquier,
en date du 16 septembre 1784, se trouve une liste de
marbres appartenant à Pfaff, qui étaient restés à l'abbaye
de Cercamps, ce qui établit parfaitement que Pfaff a fait
d'importants travaux dans cette abbaye.

Les riches lambris du chœur de l'église de Vitz-sur-
Authie (Somme) sont attribués à Pfaff.

Dom Grenier informe que Pfaff, résidant à Abbeville,
a travaillé aux anges qui sont derrière le maître-autel de
la cathédrale de Soissons.

Nous voyons encore dans l'église des Ursulines d'Abbeville (place Saint-Pierre) deux anges adorateurs,
0,40 cent. de hauteur, en bois, finement sculptés et dorés
et placés près du tabernacle ; ces deux anges ont dû faire
partie d'un groupe ; leur mouvement gracieux indique
qu'ils devaient tenir des encensoirs. Des renseignements
particuliers nous affirment qu'ils proviennent du ciseau
de Pfaff et de l'ancien couvent des Ursulines, aujourd'hui
Saint-Stanislas.

On remarque à Abbeville différentes portes d'hôtel
richement et artistement sculptées ; l'une d'elles a principalement attiré notre attention ; c'est la grande porte de
l'hôtel de feue madame Caron, située rue Saint-Gilles,

---

1. Raoul Caigniard, nommé dans différents documents l'architecte de
Valloires, composa déjà en 1738 les plans de la nouvelle église de
Valloires qui fut consacrée en 1756; ce fut vers cette époque qu'il
reconstruisit Cercamps sous l'inspiration de Dom Comeau, prieur de
Valloires et provincial de l'ordre.

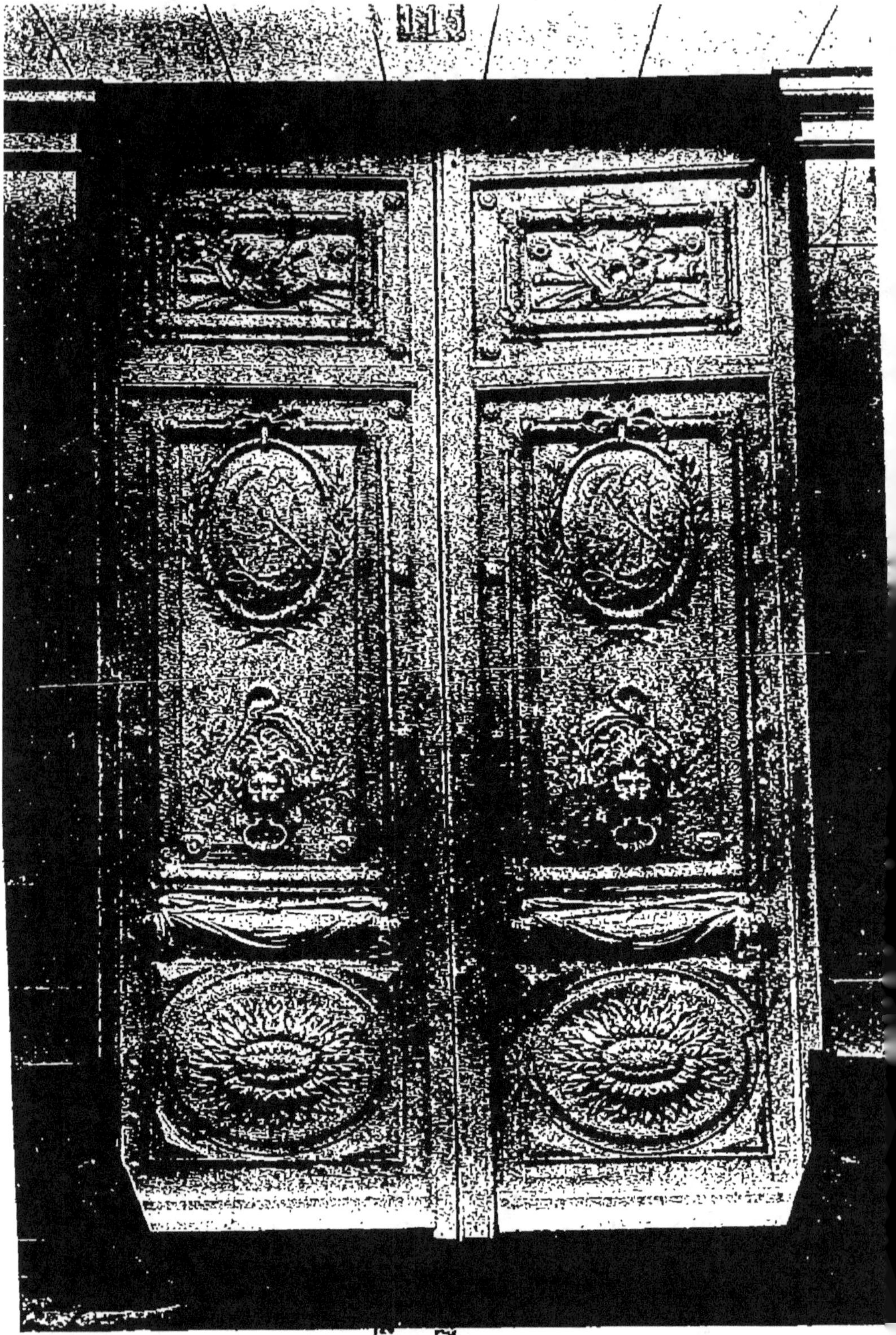

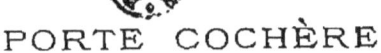

PORTE COCHÈRE

Rue Saint-Gilles, 115, à Abbeville

n° 115. M. E. Prarond dit que cette porte est un souvenir du commandeur de Gaillon, grand amateur de beaux-arts ; on y voit encore son chiffre ; les panneaux représentent des panoplies, casques, têtes de lions en peaux, précieusement exécutés et dignes d'être conservés. Divers ornements de cette porte sont en alliage de plomb et d'étain artistement montés et fixés sur des tiges de fer ; elle coûta, dit-on, mille écus au commandeur de Gaillon ; il était âgé lorsque la révolution éclata et devint sourd ; cette infirmité lui coûta la vie ; n'ayant pu répondre un jour à Paris à un qui vive qu'on lui adressa, il fut tué d'un coup de feu. Nous attribuons cette porte à Pfaff ; il est le seul artiste à notre connaissance qui ait à cette époque mis en pratique le procédé d'alliage de plomb et d'étain, procédé excellent pour la conservation des ornements délicats exposés à l'intempérie des saisons ; le tout étant revêtu d'une couche de peinture, faisait confondre les ornements de plomb et d'étain avec les sculptures sur bois.

Nous trouvons néanmoins plus anciennement, en 1644, un autre sculpteur et fondeur abbevillois nommé François Robart, qui exécuta moyennant 600 livres pour Saint-Germain d'Amiens un lutrin en potin, espèce de laiton blanc, d'après le dessin du célèbre Blasset ; ce meuble avait près de trois mètres d'élévation et était digne de son auteur. Sa partie supérieure à jour était formée de riches arabesques entrelacées avec goût.

Ce fut encore ce même François Robart qui, suivant acte devant notaire en 1629, passa un traité avec demoiselle Françoise Belle, veuve de Gabriel Briet, pour lui sculpter et écrire l'épitaphe de Gabriel Briet, son mari, qui fut placée dans la chapelle de Notre-Dame de Lorette en la collégiale de Saint-Wulfran. Cette épitaphe fut détruite lors de la révolution en 1793 ; elle fut rétablie en 1835 par M. Charles-Jean Levesque de Neuvillette, descendant d'un frère de M. Briet. Les sculptures qui entourent la nouvelle épitaphe proviennent de l'église des Révérends Pères de l'Oratoire d'Amiens ; elles sont attribuées au sculpteur amiénois François Cressent par M. Guerlin [1]. (Voir séance du Congrès des Beaux-Arts, 8 juin 1892.)

[1]. Le libellé actuel de la nouvelle épitaphe mentionne que Gabriel Briet décéda en 1627 et dame Françoise Belle en 1629 ; ces dates de décès sont erronées. Nous voyons sur la légende de la première épitaphe que nous avons pu retrouver que Gabriel Briet vint à décéder le 2 février 1629 et sa femme, demoiselle Françoise Belle, le 4 mars 1639, ce qui est confirmé par le P. Ignace, *Histoire des Mayeurs, Histoire ecclésiastique* et E. Prarond, *Histoire du collège d'Abbeville.* — Notons encore pour mémoire un ancien sculpteur abbevillois, Bernard Lebel, qui, de 1599 à 1600, termina les belles sculptures qui décoraient l'ancienne porte Marcadé de notre ville, que tous les étrangers admiraient*. — Carpentier, sculpteur distingué, qui naquit en 1730, à Hangest-sur-Somme. — Jean-Baptiste Pouitier, sculpteur distingué, né en 1783 à Huppy ; on a de lui un saint Firmin martyr et un saint François de Sales placés dans la cathédrale.

* Voir dans les *Mémoires de la Société d'Emulation d'Abbeville*, t. XIX, p. 198, note 1, ce qu'en dit M. Alcius Ledieu.

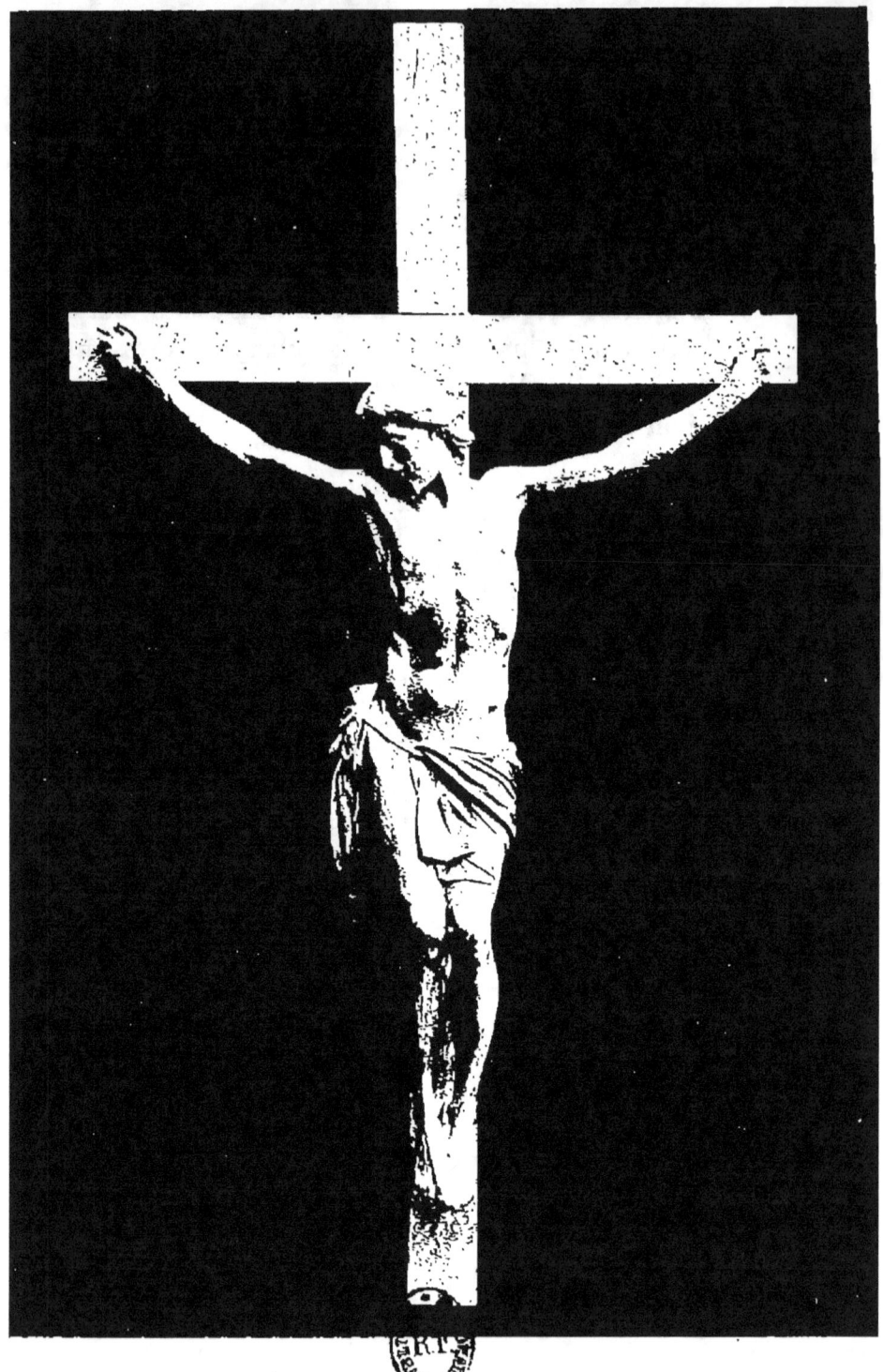

MACON

Crucifix sculpté par S. Pfaff

Légué par testament du 20 janvier 1881 à M. C..., à Mâcon,
par demoiselle Victoire-Félicité de Pfaff, veuve de M. Félix Bournel,
petite-fille du sculpteur S. Pfaff.

CONRAD Co-împerans de PFAFFENHOFFEN par diplôme de l'Empr HENRI IV donné au camp de MERSBOURG En 1080. Mort en 1125.	épouse	**Agnès** DE LANSBERG, sœur du marquis de MISNIE chef de la maison de Saxe.
ERRIC ou HENRI Mort vers 1125.	épouse	IGNORÉE
CONRAD II Né vers 1109.	épouse	**Cunégonde** DE WOELFE. Maison de Brunswick.
CONRAD III Mort en Palestine vers 1229.	épouse	IGNORÉE
GEORGE (sic) Né vers 1172. Mort en Palestine vers 1229.	épouse	IGNORÉE
HENRI II baron souverain De PFAFFENHOFFEN. Né en Asie vers 1203. Mort vers 1286.	épouse	**Marie** De HESSE De HESSEN.
FRÉDÉRIC Baron de PFAFFENHOFFEN. Mort vers 1245. Mort en Asie en 1280.	épouse	**Marguerite** De HOHEN-EMS. Morte vers 1330.
ALBERT Né vers 1277. Mort vers 1362.	épouse	**Marguerite** De DIEMANSTEIN.
FRÉDÉRIC II Né vers 1301.	épouse	**Isabelle** De NORTHEIM.
MAURICE Né en 1350. Mort en 1419.	épouse	**Marguerite** De WURTEMBERG.
MAURICE II Né en 1372. Mort	épouse	**Élisabeth** comtesse de SAYN ou SEIN. Morte vers 1469.
ALBERT II Né en 1393. Mort en 1484.	épouse	**Iolande** comtesse De TANNHAUSEN.

XIII.	**MAURICE III** Né en 1447. Mort en 1514.	épouse	**Marie** comtesse De MANSFELD.
XIV.	**JEAN** Né en 1489. Mort en 1525.	épouse	**Marguerite** De SIMERIN, princesse palatine religieuse après sa viduité. Né en 1505. Morte en 1542.
XV.	**GEORGE II** des barons de PFAFFENHOFFEN libres et immédiats du St-Empire Romain. Né en 1524. Mort en 1592.	épouse	**Ulrique** comtesse De REINSTEIN. Morte en 1599.
XVI.	**GEORGE-OTHON** Né en 1555. Mort en 1619.	épouse	**Marie-Agnès** De WOLFSTEIN, baronne (sic) immédiate De SULZBERG. Né en 1569. Morte en 1662.
XVII.	**GEORGE-ULRIC** baron libre et immédiat de PFAFF De PFAFFENHOFFEN. Né en 1587. Mort en 1648.	épouse	**Anne-Catherine** baronne (sic) De TETTINGEN. Né en 1596. Morte en 1659.
XVIII.	**JEAN-JOSEPH-CASIMIR** baron de PFAFF libre et immédiat de PFAFFENHOFFEN et du Saint-Empire Romain. Né en 1622. Mort en 1695.	épouse	**Marguerite** VITALLIANE-BURRHMÉ comtesse d'ARONE. Né en 1634. Morte en 1661.
XIX.	**JEAN II** baron de PFAFF et de PFAFFENHOFFEN libre et immédiat du St-Empire Romain. Né en 1667. Mort en 1717.	épouse	**Barbe** comtesse D'EUSSEM-SINDARLANGIN libre baronne de JUSTINGEN. Né en 1680. Morte en 1756.
XX.	**SIMON-GEORGE-JOSEPH** baron de PFAFF des barons De PFAFFENHOFFEN libre et immédiat du St-Empire Romain. Né en 1715. Mort en 1784.	épouse	**Marie-Magdeleine-Victoire** HOURDEL et BAYARD. Née le 31 mars 1722. Morte le 13 septembre 1773.

ARBRE GÉNÉALOGIQUE
DE LA MAISON
DE PFAFF DE PFAFFENHOFFEN
ISSUE DE CONRAD,

CO-IMPÉRANS

DE PFAFFENHOFFEN

ET

D'AGNÈS DE LANSBERG
SON ÉPOUSE

LES ARMES SONT

D'OR, A UN PRÊTRE DE SABLE, PORTANT EN SA MAIN DEXTRE,
UN LIVRE OUVERT, D'ARGENT, AU SURPLUS DE MÊME.

NOUS, ANTOINE-MARIE D'HOZIER
DE SÉRIGNY,

Chevalier, Juge d'Armes de la noblesse de France, Chevalier, Grand-Croix honoraire de Saint-Maurice de Sardaigne,

CERTIFIONS AU ROI

La vérité des vingt degrés généalogiques contenus dans les deux colonnes ci-contre dressées par nous sur titres authentiques.

En foi de quoi, nous avons signé le présent certificat, et l'avons fait contresigner par notre secrétaire, qui a apposé le sceau de nos armes à Paris le samedi neuvième jour du mois d'avril mil sept cent quatre-vingt-cinq.

(Signé) D'HOZIER DE SÉRIGNY.

L.S.

Par Monsieur le Juge d'Armes de la noblesse de France.

(Signé) DUPLESSIS.

SUITE DE LA GÉNÉALOGIE DU BARON DE PFAFF

SIMON-GEORGE-JOSEPH
Baron de PFAFF et de PFAFFENHOFFEN
Libre et immédiat du Saint-Empire Romain.
Né à Vienne (Autriche) paroisse Saint-Michel le 1er mai 1715.
Établi à Saint-Riquier (Somme) en 1750,
Marié à Saint-Riquier le 24 mai 1751 avec MARIE-MAGDELEINE-VICTOIRE HOURDEL.
Naturalisé français (lettre de naturalité accordée par le Roi en novembre 1758),
Signées et scellées et insinuées à Paris le 9 février 1759.
Décédé à Avallon (Yonne) le 17 juillet 1784.

FRANÇOIS-SIMON
te de PFAFF DE
AFFENHOFFEN
aint-Empire romain.
éfoncier capitulaire
de Liège.

à Saint-Riquier le
décembre 1753.
dé à Oberwerth-lès-
blentz le 8 avril 1840
Prusse-Rhénale).

VICTOIRE-FÉLICITÉ PFAFF
baronne de PFAFFENHOFFEN.
Née à Abbeville (Somme) le
10 août 1756.
Mariée à Saint-Riquier (Somme)
le 27 septembre 1779 avec
CHARLES-REMY BOURNEL
né à Rethel-Mazarin (Ardennes)
le 1er octobre 1750.
Décédé directeur des Domaines
en retraite à Rethel le
31 décembre 1806.
Sa femme décédée à Mâcon
(Sâone-et-Loire) le 27 avril 1845.

JEAN-GEORGE PFAFF
baron de PFAFFEN-
HOFFEN
libre et immédiat du
Saint-Empire Romain.
Né à Abbeville (Somme)
le 23 octobre 1758.
Décédé à ¹ le 24 sep-
tembre 1796.
Épousa le 9 novembre
1794 la baronne de
BOTHMAR.

1. Probablement à Saint-
Domingue.

**HENRIETTE-
FRANÇOISE-
THÉRÈZE
PFAFF**
comtesse de
PFAFFEN-
HOFFEN.

Née à Abbe-
ville(Somme)
le 21 juillet
1760.
Décédée à
Vienne (Au-
triche) le 30
décembre
1820.

JOSEPH-DOMINIQUE
PFAFF baron de PFAFFENHOFFEN
libre et immédiat du Saint-Empire Romain.
Né à Abbeville (Somme) le 31 juillet 1762.
Marié au Vaudreuil (Eure) le 31 juillet 1792
avec HONORINE-CATHERINE LANGLOIS.
Née au Vaudreuil le 23 janvier 1764.
Décédée au Vaudreuil le 23 novembre 1798.
Marié en secondes noces avec ADÉLAÏDE-LOUISE
JORMEL en 1800.
Décédé inspecteur des Domaines en retraite
à Versailles (Seine-et-Oise) le 5 février 1845.

PREMIER	LIT
VICTOIRE de PFAFF baronne de PFAFFENHOF- FEN. Née au Vaudreuil (Eure) le 4 septem- bre 1794. Mariée à L.-D.-J.- M.-F. BOURNEL. Décédée à Mâcon (Sâone-et-Loire) le 14 avril 1887. En sa personne s'est éteinte la famille de PFAFF S.-G.-J.	**FRANÇOIS-SIMON** de PFAFF baron de PFAFFENHOF- FEN, chambellan du grand duc de Bade. Né au Vaudreuil (Eure) le 27 octobre 1797. Marié avec THÉRÈZE JULIE-ANNE- RÈGINE baronne de HAYSDORF. Décédée à Donams- chingen le 27 mars 1882, et lui décédé à Donamschingen (grand duché de. Bade) le 4 avril 1872.

**ROBERT-THOMAS-
FRANÇOIS-HENRI-HU-
BERT BOURNEL.**
Né à Saint-Riquier
(Somme) le 8 février
1784.
Marié à VIRGINIE
GRIMAUX en octo-
bre 1827; elle décéda
audit lieu le 11 oc-
tobre 1857 et lui dé-
cédé capitaine de ca-
valerie en retraite à
Amiens (Somme),
chevalier de la Légion
d'honneur et de
Saint-Louis, le 22 fé-
vrier 1858.

**LOUIS-DENIS-JEAN-
MARIE-FÉLIX BOURNEL.**
Né à Montdidier (Somme)
en janvier 1789.
Marié à Vitry-le-François
(Marne) le 21 novembre
1827 avec VICTOIRE de
PFAFF baronne de
PFAFFENHOFFEN.

Décédé directeur des Do-
maines en retraite à Mâ-
con (Sâone - et - Loire) le
29 décembre 1875, et sa
femme audit lieu le
14 avril 1887.

**VICTOIRE-OCTAVIE
BOURNEL.**

Née à Soissons (Aisne)
le 30 septembre 1797.
Décédée à Mâcon
(Sâone-et-Loire) le
24 novembre 1879.

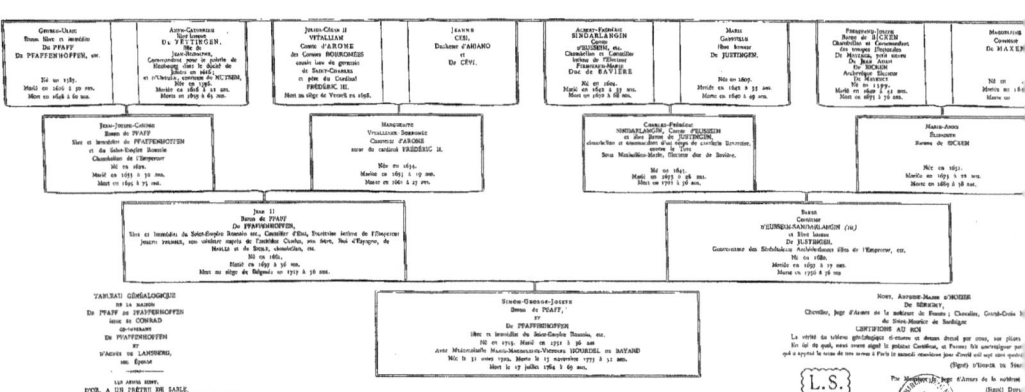

TABLEAU GÉNÉALOGIQUE
DE LA MAISON
DE PFAFF DE PFAFFENHOFFEN
JUSQU'À CONRAD
DE PFAFFENHOFFEN
ET
D'AGNÈS DE LANDSBERG,
SON ÉPOUSE.

LES ARMES SONT:
D'OR, À UN PRÊTRE DE SABLE,
PORTANT EN SA MAIN DEXTRE, UN LIVRE OUVERT,
D'ARGENT; AU SOUPLIS, DE MÊME.

DEUXIÈME PARTIE

GÉNÉALOGIE

§ I. — ARMOIRIES DE PFAFF

BARON DE PFAFF DE PFAFFENHOFFEN

Libre et immédiat du Saint-Empire Romain

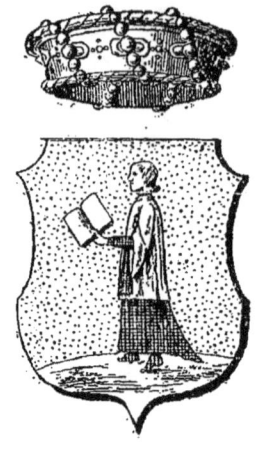

I

BARON DE PFAFF DE PFAFFENHOFFEN

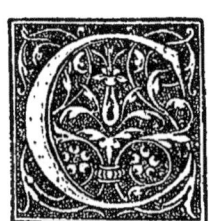 ETTE famille remonte au XIᵉ siècle, à Conrad, co-imperans de Pfaffenhoffen, et Agnès de Lansberg, son épouse (1080-1123).

L'arbre généalogique de cette maison est certifié dressé sur pièces authentiques, signé et scellé par d'Hozier de Sérigny le 9 avril 1785 ; l'original est imprimé. Il comprend vingt degrés généalogiques ; le vingtième est le sculpteur Simon-Georges-Joseph, dont le père est Jean II, baron de Pfaff et de Pfaffenhoffen, libre et immédiat [1] du saint

---

[1]. Il y avait alors en Allemagne deux sortes de noblesse, l'une libre et immédiate, qui ne relevait que de l'Empereur et de l'Empire ; l'autre médiate, qui reconnaissait l'Empereur comme chef de l'Empire, était encore soumise à la juridiction d'un autre prince et n'avait pas à beaucoup près les libertés de la première noblesse.

empire Romain (ancien empire d'Allemagne), conseiller d'État, secrétaire intime de l'empereur Joseph Ier, son ministre auprès de l'archiduc Charles, son frère, roi d'Espagne, de Naples et de Sicile, chambellan, etc., né en 1661, marié en 1697 à trente-six ans, mort au siège de Belgrade [1] en 1717, prise par le prince Eugène sur les Turcs. Il avait alors cinquante-six ans. — Sa femme, mère du sculpteur Simon-Georges-Joseph Pfaff, était demoiselle Barbe, comtesse d'Eusseim Sindarlangin et libre baronne de Justingen, gouvernante des sérénissimes archiduchesses filles de l'empereur, etc., née en 1680, mariée en 1697, morte en 1756, à soixante-seize ans [2]. Simon-Georges-Joseph est le seul enfant signalé de cette union. Nous donnons un extrait conforme de cette généalogie. Voir les tableaux généalogiques ci-contre.

Simon-Georges-Joseph Pfaff, le sculpteur, naquit à Vienne (Autriche). Voici son extrait de baptême :
Dans le protocole des baptêmes de l'église impériale,

1. Le 8 juin 1717, le prince Eugène parut devant Belgrade avec une armée de 150,000 hommes ; le 22 juillet, les batteries démasquées vomirent une grêle de bombes. Alors 150,000 hommes commandés par le grand Vizir exposèrent le prince Eugène à être bloqué. Il confia la défense des retranchements à une troupe d'élite et il marcha à l'ennemi. Dans la nuit du 16 au 17 août, à une heure du matin, sa première ligne s'ébranla en silence. Les Turcs laissèrent 13,000 morts, 5,000 blessés sur le champ de bataille, un nombre égal de prisonniers. Le lendemain, le gouverneur de Belgrade arbora le drapeau blanc et demanda à capituler. On lui permit de sortir sans armes, sans montures ni bagages.

2. M. Charles Ynama de Sternegg, lieutenant impérial royal au régiment des chasseurs Tyroliens-Empereur, nous informe que le titre de Justingen a été porté par une famille, c'est-à-dire par M. de Freyberg à (Eysem)berg allemendigen, baron de Justingen. Que les filles de l'empereur Joseph Ier, dont la mère du sculpteur Pfaff fut gouvernante, étaient Maria-Josepha, mariée au prince royal de Saxe, et Marie-Amélie-Joséphine, mariée à Charles, prince royal de Bavière, plus tard empereur Charles VII.

royale, et paroisse du Saint-Archange Michaël, desservie par les Barnabites, est écrit :

Litt. 9, f⁰ 108, en date du 2 mai 1715.

Pfaff Simon-Georges-Joseph ex Joann Pfaff et Barbe conjugue.

Patrini : Simon Enzinger et Jean-Georges Hass.

Matri : Eva Catharina Enzingerin ; obst Xstin [1].

Vers 1750, alors âgé de trente-cinq ans, il dut s'expatrier par suite d'un duel dans lequel il avait tué son adversaire ; alors, ses biens furent confisqués, après sa condamnation par défaut. Il arriva en France et nous le trouvons à Saint-Riquier (Somme). Le 24 mai 1751, Simon-Georges-Joseph Pfaff épouse à Saint-Riquier demoiselle Marie-Magdeleine-Victoire Hourdel de Bayard, fille de Nicolas-François, notaire, puis maire de Saint-Riquier, et de dame Marie-Françoise Cocu. Le 6 juin 1752, il achète une maison à Abbeville ; en 1773, il vint à perdre sa femme ; en 1779, nous le retrouvons à Saint-Riquier et, vers 1783, il quitte cette résidence pour aller s'installer à Avallon (Yonne) où il décéda le 17 juillet 1784. Il fut inhumé dans le cimetière de Saint-Julien, paroisse de cette localité. Sa femme mourut à Saint-Riquier le 13 novembre 1773, âgée de 51 ans, et fut inhumée dans le cimetière de cette paroisse.

De cette union vinrent septenfants :

1⁰ Barbe-Victoire, née à Saint-Riquier le 18 janvier 1752, décédée le 2 février suivant ;

2⁰ François-Simon, né à Saint-Riquier le 13 décembre 1753, fut baptisé par M. l'abbé Hesse ; il eut pour parrain Nicolas-François Hourdel, et pour marraine Marie-Françoise Hourdel, veuve de Nicolas Marcotte, greffier de la ville

1. Donc, deux parrains, une marraine. Les deux mots de l'extrait de baptême signifient sage femme Christ. La terminaison in s'ajoute quand le nom est porté par une femme. Ainsi Enzingerin, lorsque le mari s'appelle Enzinger, et à la fin Christin lorsque le mari s'appelle Christ.

de Saint-Riquier. François-Simon devint prêtre du diocèse d'Amiens, chapelain de Saint-Nicolas de Longpré-les-Corps-Saints, aumônier de la maison du roi Louis XVI, preuvost de l'insigne collégiale de Saint-Sulpice (1780), ancien prévôt de l'église royale et collégiale de Saint-Aubin de Guérande (1785) ; il demeurait alors à Paris, rue de la Lune, paroisse de Notre-Dame de Bonne-Nouvelle. Il était qualifié prieur commendataire de Saint-Robert d'Authie, chanoine tréfoncier[1] du chapitre de Liège, prieur évêque postulé administrateur de Stavelot et Malmédy (1792), chevalier honoraire de l'ordre souverain de Malte, chef et propriétaire des régiments de son nom au service des Pays-Bas d'Angleterre. Il mourut le 8 avril 1840 au château d'Oberwerth-lès-Coblentz ;

3° Victoire-Félicité, née à Abbeville le 1er août 1756.

« Le deuxième jour d'août, l'an 1756, par moi, prieur, Dominique Hourdel, prêtre et vicaire de la paroisse de Maison-Ponthieu, a été baptisée du consentement de M. le curé de cette église (Sainte-Catherine d'Abbeville), Victoire-Félicité, née du jour d'hier à douze heures de midy, fille en légitime mariage de M. Georges-Joseph-Simon Pfaff, baron de Pfaffenhoffen libre et immédiat du

---

1. Delaurière, dans son *Glossaire du droit français,* définit ainsi ce mot : *Trefonds est ipsum prædium quod est. Cujusque proprium unde,* continuet-il : Seigneur tréfoncier de la dixme de la rente des cens, de la justice, de l'héritage dont un autre a l'usufruit.

Dans les Paratitla (*Tractatus de Malmedy et de Stavelot*), on trouve *Dominum trefundarium,* registre 8, f° 145) *describitur peaut sequitur :* un tréfoncier seigneur *at merum et mixtum imperium* de tel village ou villa ou seigneurie exerçant tous actes de hautaineté comme de mettre mayeur, confisquer biens et relaxer prisonnier en faute de crime et n'est pas seulement seigneur du fonds, mais aussi de juridiction haultaine. (V. annales arch. de Belgique 1890.)

2. Tous les actes de naissance des enfants du sculpteur furent primitivement déclarés sous le nom de Pfaff ; par suite de l'arrêt du Parlement de Paris du 14 décembre 1785, tous ont été rectifiés et portent les titres de leur auteur ; en même temps est rétabli l'ordre des prénoms Simon, Georges, Joseph qui se trouvent transposés dans divers actes, dans un ordre qui n'est pas l'ordre légal.

Saint-Empire Romain ², et de demoiselle Marie-Magdeleine Hourdel, son épouse, j'en ay été le parrain comme oncle maternel et la marraine demoiselle Anne-Félicité Hourdel tante aussi maternelle et avons signé. »

Victoire-Félicité épousa à Saint-Riquier le 27 septembre 1779 Jean-Charles-Remi Bournel, né à Rethel-Mazarin (Ardennes) le 1ᵉʳ octobre 1750, fils de feu Thomas, vérificateur général des domaines du Roi, et de Marguerite-Françoise Maizier. Il est décédé directeur des domaines en retraite à Rethel le 31 décembre 1806, et sa femme, Victoire-Félicité, décéda à Mâcon le 7 avril 1845.

« L'an 1779, le 27 septembre, je soussigné, curé de cette paroisse (Notre-Dame de Saint-Riquier), ai marié solennellement M. Jean-Charles-Remy Bournel, âgé de 29 ans, vérificateur des domaines du Roi, fils de feu M. Thomas Bournel, conseiller du Roi en l'Hôtel de Ville de Rethel-Mazarin, province de Champagne, diocèse de Reims, et de Marguerite-Françoise Maizier, de la paroisse dudit Saint-Nicolas dudit Rethel-Mazarin et habitant de Saint-Riquier depuis six mois, d'une part. Et demoiselle Victoire-Félicité Pfaff, âgée de 23 ans, fille de M. Simon-Georges-Joseph Pfaff, sculpteur figuriste de Son A. R. Mgr le comte d'Artois, et de feue demoiselle Marie-Marguerite-Victoire Hourdel, de cette paroisse, d'autre part, etc., etc. Fiançailles et mariage ont été célébrés selon la règle de l'Église, du consentement des pères et mères. En présence de M. Deflandre, maître de l'Hôtel-Dieu en cette ville, de Nicolas Noblet, ami du contractant, et de Mᵉ Angilbert Hourdel, notaire de cette ville, oncle de la contractante, et du sieur Clément Cantrelle, son curateur, lesquels témoins et autres ainsi que les contractants, ainsi que moi, curé de la paroisse de Notre-Dame de Saint-Riquier, ont signé. Collé, curé, etc. »

De cette union vinrent :

A. Charles-Simon-Thomas-François-Hubert Bournel, né à Saint-Riquier et baptisé le 16 février 1782; il eut pour parrain Pfaff, le sculpteur, écuyer de Mgr le comte d'Artois, comme aïeul maternel de l'enfant, et pour marraine dame Françoise-Marguerite de Maizier, veuve de M. Thomas Bournel, conseiller du Roi, aïeule paternelle de l'enfant, tous deux représentés, le parrain par Joseph-Dominique Pfaff, oncle de l'enfant, et la marraine par demoiselle Marie-Françoise Hourdel, grand'tante maternelle, et ont signé avec Collé, curé. Cet enfant mourut le 14 janvier 1787;

B. Robert-Thomas-François-Henri-Hubert naquit à Saint-Riquier le 8 février 1784; il fut baptisé le même jour; le parrain a été Jean-François Hourdel, avocat au Parlement, qui a été représenté par Dominique-Joseph Pfaff, et la marraine, Henriette-Françoise-Thérèse Pfaff, qui a été représentée par Marie-Françoise Hourdel, et ont signé De La Porte, vicaire. Marié à Amiens à Virginie Grémaux, en octobre 1827, il mourut au même lieu le 22 février suivant [1]; il était capitaine de cavalerie en retraite, chevalier de la Légion d'honneur et de Saint-Louis. Sa femme mourut aussi à Amiens le 11 octobre 1857. Sans postérité;

C. Louis-Denis-Jean-Marie-Félix, né à Montdidier (Somme) le 1er janvier 1789, marié à Vitry le 21 novembre 1827 à sa cousine germaine, Victoire de Pfaff, fille de

---

1. En 1845, M. Bournel, ancien capitaine commandant de cavalerie, offrit au musée de la ville d'Amiens une figurine en bronze, trouvée avec des médailles romaines au faubourg Saint-Fuscien, dans le terrain de Mme veuve Grimaux. Cette figurine, style romain de la belle époque, représente le roi Midas assis, jambes croisées à la manière des Orientaux, figure jeune, l'enjencement de la chevelure rappelle celle d'Apollon; il est vêtu d'une tunique assez courte, d'un manteau ou péplos sur lequel il est assis; les pieds garnis d'une semelle dont les orteils ne sont pas distincts, indiquent qu'il porte un pantalon phrygien, le bras droit est cassé, la main gauche semble tenir un sceptre qui n'existe pas; l'oreille droite pareille à celle d'un âne, la gauche est cachée par les boucles de cheveux.

Joseph-Dominique de Pfaff. Il décéda directeur des domaines en retraite à Mâcon (Saône-et-Loire), le 29 décembre 1875 et sa femme audit lieu le 14 avril 1887. Sans postérité ;

D. Marie-Louise-Justine-Charlotte-Julie-Victoire, née à Montdidier le 24 décembre 1790, décédée à Soissons le 14 août 1794 ;

E. Marie-Justine-Adélaïde, née à Soissons le 12 avril 1796, décédée dans la même ville le 2 août 1797 ;

F. Victoire-Octavie, née à Soissons le 30 septembre 1797, décédée à Mâcon le 24 novembre 1879 ;

Victoire-Félicité, épouse de M. Bournel, décéda à Maçon le 27 avril 1845. Un même tombeau la réunit à son fils Félix, à sa fille Octavie et à sa belle-fille et nièce Victoire, laquelle décéda aussi à Mâcon le 14 avril 1887. Ces quatre personnes ont atteint l'âge de 89, 87, 82 et 93 ans environ.

4° Jean-Georges de Pfaff, né à Abbeville (Somme) le 22 octobre 1758. « L'an 1758, le 23 octobre, par moi soussigné, curé (paroisse de Sainte-Catherine d'Abbeville), a été baptisé en cette église Jean-Georges, né du jour d'hui à cinq heures du matin, fils du légitime mariage de M. Georges-Joseph-Simon baron de Pfaffenhoffen, libre et immédiat du Saint-Empire Romain, et de Marie-Magdeleine-Victoire Hourdel, son épouse ; le parrain a été M. Jean-François Turpin, sieur de Warremont [1], conseiller du Roi, prévôt royal de Saint-Riquier, et la marraine demoiselle Marie-Françoise Lejeune, qui ont signé avec nous. »

Nous le retrouvons en 1792 officier de hussards au régiment d'Hesteraldsy.

---

1. Le nom du sieur de Warremont porté à l'acte de baptême a été mal libellé. On voit dans une liste des prévôts de Saint-Riquier qui a été publiée : Jean-François Turpin, seigneur de Wargemont et autres lieux, conseiller du Roi. Etant encore prévôt à Saint-Riquier en 1767, il est qualifié avocat et prévôt dans les almanachs de cette époque.

Jean-Georges épousa le 9 novembre 1794 Mme A., baronne de Bothmar, née le 20 mai 1764, dans l'île de Langeland[1].

De cette union :

Une fille morte en 1800.

Le brevet de chevalier de Malte de Jean-Georges, daté du 27 avril 1796, le qualifie de *nobile comiti Joanni Georgio de Pfaff a baronibus de Pfaffenhoffen,* et contient ceci : *Ea tamen adjecta lege quod si uxorem duxeris propria conditione inferiorem præs gratia nulla ipso facto intelligatur.*

Jean-Georges mourut le 24 septembre 1796 ; il était chevalier de Malte, de Saint-Louis, commandant général des troupes impériales dans la principauté de Stavelot et des régiments de son frère[2].

D'après le *Lexique général de la noblesse allemande,* volume 7, année 1867, Kneschke, et le *Manuel historique et héraldique des maisons nobles,* 1851, les renseignements ne sont pas les mêmes que ceux qui ont été donnés par les amis de la famille.

Ainsi, d'après les auteurs allemands, Jean-Georges, capitaine de plusieurs régiments au service de la Grande-Bretagne, mourut à Saint-Domingo. C'est probable et c'est ce que l'on pense. Il aurait eu un fils, appelé Simon-François ;

Sa fille adoptive Ida, née le 25 février 1818, chevalière de l'ordre royal de Sainte-Thérèse de Bavière, fut mariée à M. de Clendowski.

Il est impossible que Ida, née le 25 février 1818, soit

---

1. Langeland, île danoise dans la mer Baltique, au sud de Fionie, 112,000 habitants.

2. Macret Jean-César, qui fit une gravure de Jean-Georges comte de Pfaff, était né aussi à Abbeville, paroisse Sainte-Catherine, en mars 1768. Il avait un autre frère, Macret Charles-François, graveur, né à Abbeville, le 2 mars 1750, mort à Paris le 24 décembre 1783. Son portrait figure dans le tableau des grands hommes d'Abbeville du peintre Choquet, au musée du Ponthieu.

la fille adoptive de Jean-Georges, puisque ce dernier décéda le 24 septembre 1796.

De plus, François-Simon, dont il est alors question, était fils de Joseph-Dominique de Pfaff, sixième enfant du sculpteur.

Ida était fille adoptive de François-Simon, l'abbé, qui, par son testament, l'institua légatrice universelle ; elle habitait encore Oberwerth en 1884.

Il est donc bien démontré que les auteurs allemands ont dû faire confusion.

5° Henriette-Françoise-Thérèse. — « Le 21ᵉ jour de juillet, l'an 1760, par moy curé soussigné de la paroisse de Sainte-Catherine d'Abbeville, ai baptisé en cette église Henriette-Françoise-Thérèse, née du même jour sept heures du matin, fille du légitime mariage de M. Simon-Georges-Joseph Pfaff, baron de Pfaffenhoffen, libre et immédiat du Saint-Empire Romain, et de demoiselle Marie-Magdeleine-Victoire Hourdel, son épouse. Le parrain a été Jacques Voiez et la marraine demoiselle Marie-Françoise Hourdel, tante maternelle, et ont signé avec nous. »

Déclaration de décès de madame Henriette-Françoise-Thérèse, comtesse Pfaff de Pfaffenhoffen, décédée à Wien stadt (Vienne ville) Autriche, numéro 1019, le 30 décembre 1820.

Frères et sœurs : François-Simon, comte de Pfaff de Pfaffenhoffen, chanoine à Liège, à Paris ;

Joseph-Dominik de Pfaff de Pfaffenhoffen à Wien (Vienne) ;

Victoria-Félicité Bournel, à Saint-Riquier (France).

Neveux et nièces : François-Simon, baron Pfaff de Pfaffenhoffen, fils du frère de la défunte ; — Joseph-Dominik, — et Victoria-Octavie Bournel, fille de la sœur de la défunte Victoria-Félicité.

La défunte est encore inscrite dans la paroisse de

Reisenbourg pour son château de Koblentz, qu'elle avait déjà de son vivant vendu en partie à son frère François-Simon, en partie donné à son neveu Simon.

Registre des décès de la paroisse de Grinzing (Wien XIX) : « Est décédée à Wien stadt, n° 1019, le 30 décembre 1820, madame comtesse Henriette de Pfaffenhoffen, née à Abbeville en France, décédée à l'âge de 60 ans, et a été bénite, enterrée ici par le prélat de Klosterneuburg, Mgr Gaudenz Dunkler [1].

6° Joseph-Dominique, né à Abbeville le 31 juillet 1762, baptisé paroisse Sainte-Catherine d'Abbeville, le lendemain de sa naissance, 1er août 1762, par l'abbé Delattre, fils légitime de Simon-Georges-Joseph Pfaff baron de Pfaffenhoffen libre et immédiat du Saint-Empire Romain, et de dame Marie-Magdeleine Hourdel. Le parrain est François-Simon, son frère; la marraine, Marie-Françoise Cocu, femme de Nicolas Hourdel, procureur et notaire à Saint-Riquier [2].

Joseph-Dominique épousa :

1° Honorine-Catherine Langlois le 31 juillet 1792; elle mourut le 23 novembre 1798 ;

2° Adélaïde-Louise Farmel, en brumaire an IX (novembre 1800).

Joseph-Dominique mourut inspecteur des Domaines en retraite à Versailles le 5 février 1845. Après son décès, sa veuve se retira à Arras.

Du premier lit :

A Victoire, née le 18 fructidor an II (4 septembre 1794) au Vaudreuil (Eure), chanoinesse du chapitre de Sainte-Anne de Munich. Epousa le 21 novembre 1827 Louis-

1. Par la suite, l'abbé François-Simon fit transporter le tombeau de sa sœur Henriette de Reisenberg en son château de Oberwerth-lès-Coblentz.

2. Elle décéda à Saint-Riquier le 13 février 1781, âgée de 88 ans, veuve de Nicolas-François Hourdel.

Désiré-Jean-Marie-Félix Bournel, alors vérificateur de l'enregistrement et des domaines puis directeur des domaines, chevalier de la Légion d'honneur, mort en retraite à Mâcon le 29 décembre 1875. Sa femme décéda le 14 avril 1887. C'est en la personne de cette dernière que la famille de Pfaff s'est éteinte;

B François-Simon, baron de Pfaffenhoffen, né à Notre-Dame de Vaudreuil (Eure) le 6 brumaire an VI (27 octobre 1797), devint chevalier de l'ordre de Malte, chambellan du grand-duc de Bade; il mourut le 4 avril 1872, laissant pour héritière sa veuve, Thérèse de Haysdorf, décédée en 1882 et dont les héritières, ses nièces, ont, conformément à son testament, remis tous les souvenirs de famille à Victoire, sœur du chambellan.

7º Élisabeth-Julie de Pfaff, baptisée paroisse Sainte-Catherine d'Abbeville, le 23 juillet 1764, jour de sa naissance; parrain, François-Simon, son frère aîné; marraine, Françoise Cocu, épouse de Nicolas-François Hourdel, oncle maternel. Morte jeune.

§ II. — ARMOIRIES DE BOURNEL

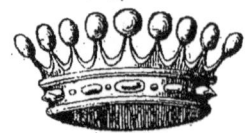

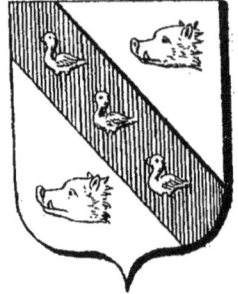

II

BOURNEL

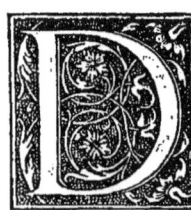ANS la salle des Croisades à Versailles figure un membre de la famille Bournel, qui compte aussi un représentant dans les maréchaux de ce musée. Comme filiation, on trouve M. Bournel, né à Mézières vers 1650, mort vers 1720; il avait pour fils Thomas, qui mourut en 1775 et avait repris vers 1760 la charge de conseiller-assesseur de la ville de Rethel-Mazarin de son oncle Pierre, qui la tenait d'un homonyme décédé en 1743. Thomas eut pour fils Jean-Charles-Remy, né à Rethel-Mazarin le 1er octobre 1750. Sa mère était Marguerite-Françoise Maizier. Jean-Charles-Remy épousa Victoire-Félicité de Pfaff, baronne de Pfaffenhoffen,

dont postérité. (Voir la généalogie.) Thomas Bournel,
père de Jean-Charles-Remy, eut aussi un autre fils qui
fut avocat au Parlement de Paris, puis député de Rethel
à l'Assemblée législative et enfin magistrat sous le premier Empire ; l'un de ses fils embrassa cette carrière : c'était
Thomas-François-Hubert, père de la mère de M. R.
Soleau, conseiller à la cour de la Seine, qui avait épousé
un ingénieur des ponts-et-chaussées.

Thomas Bournel avait encore eu un autre fils qui n'a
laissé que des filles mortes aujourd'hui.

ADDENDA

---

§ I. — SIMON-GEORGES-JOSEPH BARON DE PFAFF

SIMON-GEORGES-JOSEPH DE PFAFF

 IMON - GEORGES - JOSEPH DE PFAFF est
déclaré naturalisé français dans l'inven-
taire du 14 juillet 1785, dressé à Avallon. On retrouve les lettres de naturalité
accordées audit défunt par Sa Majesté au
mois de novembre 1758, signées, scel-
lées et insinuées à Paris le 9 février suivant et cotées 3,
plus un brevet de Mgr le comte d'Artois portant le titre
de son sculpteur en date du 14 juin 1778.

A Paris se trouvent deux portraits du sculpteur : un
grand portrait à l'huile à mi-corps d'environ 0m80 sur
0m60, et un autre médaillon de 0m08. On nous a signalé
un crucifix authentique de notre sculpteur qui se trouve
actuellement à Mâcon, chez M. C., auquel il a été légué
par testament olographe du 20 janvier 1881 par
Mme Bournel, née Victoire Pfaff, fille de Joseph-Dominique de Pfaffenhoffen, dernière survivante des petits-enfants
du sculpteur, décédée en 1887. On a eu l'obligeance de
nous en donner une photographie que nous reproduisons.

Le 3 septembre 1888, lors d'une vente à Saint-Riquier,
en la maison qui fut habitée par le sculpteur, fut vendu

un très beau lion en bois tendre sculpté par lui. Après plusieurs démarches, nous avons pu le retrouver en 1895 et en faire l'acquisition. Ce lion a pu servir de modèle au sculpteur pour la pyramide élevée au château de Long ou pour les supports des armes de Mgr de la Motte d'Orléans en l'église de l'abbaye de Valloires.

§ II. — L'ABBÉ FRANÇOIS-SIMON COMTE DE PFAFF

II

L'ABBÉ FRANÇOIS-SIMON COMTE DE PFAFF

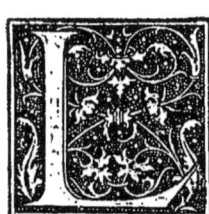'ABBÉ FRANÇOIS-SIMON, COMTE DE PFAFF, fils aîné de Simon - Georges - Joseph de Pfaff, naquit à Saint-Riquier le 13 décembre 1753 ; il fut baptisé par M. l'abbé Hesse et eut pour parrain Nicolas-François Hourdel et pour marraine madame Marie-Françoise Hourdel, veuve de Nicolas Marcotte, greffier de la ville de Saint-Riquier.

François-Simon, comte de Pfaff, devint prêtre du diocèse d'Amiens, docteur en droit canon et civil de la faculté de Paris, puis aumônier de S. M. Louis XVI et chapelain de Saint-Nicolas de Longpré-les-Corps-Saints (diocèse d'Amiens), prévôt de l'insigne collégiale de Saint-Sulpice, ancien prévôt de l'église royale et collégiale de Saint-Aubin de Guérande, prévôt commendataire de Saint-Robert d'Authie, chanoine tréfoncier du chapitre de Liège, prieur évêque postulé administrateur de Stavelot et Malmédy, chevalier honoraire de l'ordre souverain de Malte, chef et propriétaire des régiments de son nom au service des Pays-Bas d'Angleterre ; il mourut le 8 avril 1840 au château d'Oberwerth-lès-Coblentz âgé de quatre-vingt-sept ans huit mois et cinq jours; il obtint l'exequatur de Pie VI et de Louis XVI, lui accordant le titre d'abbé commendataire du prieuré d'Authie (diocèse d'Amiens), ce qui occasionna un procès devenu historique. Les religieux pénitents du tiers-ordre de Saint-François de Limours [1] formèrent aussitôt opposition et instance à la Cour du Parlement, appuyant leur défense sur ce que le prieuré d'Authie n'était nullement vacant, puisque les RR PP de Limours du tiers-ordre de Saint-François, dits de Picpus [2], l'occupaient encore et que l'abbé de Pfaff n'était autre chose qu'un dévolutaire.

Le 1er octobre 1788, l'abbé de Pfaff vint faire sa prise de possession du prieuré d'Authie. Le 23 avril 1790, il obtint un arrêt de la chambre des vacations condamnant les religieux de Limours à lui rendre les fruits indûment perçus par eux depuis le jour de sa prise en possession et le maintenant dans la possession de ce bénéfice. Le procès se continua jusqu'au 22 mars 1791; l'abbé de Pfaff obtint encore gain de cause de l'assemblée du Directoire de Versailles, par un arrêt prononçant que l'abbé de Pfaff doit être considéré comme titulaire du prieuré d'Authie à dater du 1er octobre 1788, qu'il y a lieu d'exécuter l'arrêt du 23 avril 1790 suivant sa teneur, en outre que ledit abbé de Pfaff jouira conformément aux décrets du traitement qui lui est dû sur ledit bénéfice dont il est titulaire; malgré tous les jugements rendus en sa faveur, l'on ne trouve aucune trace de ce que l'abbé de Pfaff a pu recevoir comme pensionnaire ecclésiastique, ni des arrérages à lui attribués par le Directoire de Versailles depuis sa prise de possession du prieuré d'Authie. Dans tous les cas, il lui fut impossible

1. Limours, arrondissement de Rambouillet.

2. Picpus, ancien village, voisin de Paris, joint actuellement au faubourg Saint-Antoine, était le siège de la congrégation du tiers-ordre de Saint-François.

de percevoir les revenus de ce prieuré, le gouvernement s'en étant emparé le 22 mars 1791; pendant que le Directoire de Versailles prononçait son arrêt, le gouvernement faisait vendre la plus grande partie des biens du prieuré d'Authie et à Saint-Léger.

Nous parlons très succinctement de ce procès; nous renvoyons le lecteur à l'intéressante histoire d'Authie, de son prieuré conventuel (Ham, chez Carpentier, 1885) dans laquelle ce curieux procès se trouve développé en entier.

Les nombreux écrits et mémoires de l'abbé-comte de Pfaff, dont plusieurs ont été imprimés, dénotent un homme d'une grande éducation, d'un style net et précis, d'une persévérance et d'une tenacité extraordinaires dans tous ses actes. Nous venons de le voir sur la brèche de 1788 à 1791 au sujet de son procès contre les religieux de Limours. De nouveaux documents imprimés que Mᵉ Anty, notaire, membre correspondant de la Société d'Émulation d'Abbeville, a bien voulu nous confier viennent de nous mettre sur la piste d'un autre procès que l'abbé-comte de Pfaff eut à subir. Le début prend naissance en 1792; nous en verrons la solution en 1837, à une époque que nous ne pouvons préciser; l'abbé-comte de Pfaff a dû obtenir la levée des séquestres qui avaient confisqué les biens de son père. Sa longue existence, comme on va le voir, n'est qu'une suite de plaidoiries.

Nous l'avons quitté le 22 mars 1791 au Directoire de Versailles où il obtint un arrêt en sa faveur. En 1792, nous le retrouvons à Liège, ayant repris les titres de son père : il y a été autorisé par l'arrêt du 14 décembre 1785; il est, de plus, membre des états nobles de la basse Autriche, chevalier d'honneur de l'Ordre souverain de Saint-Jean de Jérusalem, chanoine tréfoncier du chapitre de Liège, prince administrateur de Stavelot et de Malmédy, etc. — Vers 1792, les fournisseurs de l'armée de Condé avaient reçu en paiement des agents des comtes d'Artois et de Provence de faux assignats. Le faux ayant été reconnu, les bagages furent saisis et une plainte était à la veille d'être formée. Lorsque intervint le comte de Pfaffenhoffen, comme mandataire des princes et dont il était autorisé par lettres de LL. AA., il se porta caution et s'obligea personnellement par acte du 20 septembre 1792, revêtu le même jour des formes de la loi. Le montant de la créance s'élevait à 160,000 francs pour paiement de diverses fournitures faites dans la ville de Liège, le tout payable après la rentrée de LL. AA. en France que l'on espérait alors prochaine. La rentrée des princes n'ayant eu lieu qu'en 1814, ce fut alors que les créanciers réclamèrent le paiement de leurs mémoires. Ils n'obtinrent point de réponse.

Après la seconde Restauration, le comte de Pfaffenhoffen vint en France, mais, privé des titres que les créanciers ne lui avaient pas confiés, ne pouvant s'expliquer suffisamment, il n'obtint aucun résultat. Le 7 octobre 1816, le comte de Pfaffenhoffen est assigné en paiement du capital et des intérêts ; il dénonce les plaintes de ses adversaires au au Roi et à Monsieur pour les appeler en intervention et garantie et n'obtient pas de résultats. Le 17 avril 1818, le comte de Pfaffenhoffen est condamné par le tribunal de la noblesse de Vienne (Autriche), alors lieu de sa résidence, à payer tant en principal qu'intérêts aux créanciers du Roi et de Monsieur, la somme de 409,095 francs. Le 19 juin suivant, le tribunal prononce sa sentence exécutoire, le condamnant à payer en quatorze jours. Le comte de Pfaffenhoffen est obligé de vendre à tout prix ce qu'il a de fonds publics en Autriche, en France et en Angleterre, pour payer environ 420,000 francs, par suite du montant des frais ajoutés au montant de la condamnation, ce qui le prive de 25,575 francs de rentes sur ses revenus, et le met dans une position précaire. Alors il s'empresse de revenir en France et vient réclamer près de ses royaux débiteurs. Après examen, la créance fut expressément reconnue le 13 mars 1819 par le roi Louis XVIII. Le comte de Pfaffenhoffen obtint une pension de 12,000 francs *par souvenirs et en récompense de ses bonnes et honorables actions.* Plus un à-compte de 50,000 francs par an. Ces nouveaux engagements du Roi reçurent leur exécution pendant trois ans, jusqu'à la mort du Roi, mais, à l'avènement de son successeur, ils furent suspendus.

A partir de 1823, le comte de Pfaffenhoffen adresse de nombreuses pétitions à la Chambre des députés et à la Chambre des pairs; on peut voir le compte rendu des séances dans le journal officiel de l'époque *(Moniteur universel);* ne pouvant arriver à obtenir une solution et malgré sa répugnance à employer les moyens juridiques, il finit par s'adresser aux magistrats de Paris et à Edimbourg, et, en juillet 1831, il obtint un jugement condamnant ses adversaires au remboursement en capital, intérêts et accessoires d'une somme qui s'élève à plus d'un million. Le 11 mars 1832, le tribunal de première instance confirme cette sentence, et, le 20 décembre 1832, la Cour royale de Paris ordonne l'exécution pleine et entière de la sentence du tribunal de première instance. A cette date, l'abbé-comte de Pfaffenhoffen est âgé de 79 ans. Survint encore un arrêt contradictoire sur requête civile du 11 mars 1836, et enfin un arrêt de la cour de cassation en date du 2 mai 1837.

Documents complémentaires.

M. Robert Soleau, allié à un membre de la famille de notre sculpteur, a bien voulu nous communiquer les souvenirs qu'il a pu recueillir et nous écrit:

« Monsieur, vous m'avez fait l'honneur de me demander quelques renseignements concernant M. Pfaff de
Pfaffenhoffen, sur lesquels vous vous êtes livré à une
lecture qui a obtenu un vif succès au Congrès archéologique d'Abbeville. Ayant vécu une pattie de mon enfance
au milieu des derniers représentants de cette famille, j'ai
entendu bien des récits, oubliés pour la plupart, et con-
servé quelques papiers seulement. Après les avoir consul-
tés, en même temps que ceux d'un haut et ancien fonc-
tionnaire de l'Enregistrement, qui a vécu daas leur
intimité, je m'empresse de vous les communiquer.

« En ce qui touche le sculpteur dont vous avez si
magistralement retracé la vie, je n'ai rien à vous dire que
vous ne sachiez déjà, bien que j'aie beaucoup connu les
Bournel, ses petits-enfants. L'un, son filleul, après avoir
servi sous Napoléon Iᵉʳ, vécut à Amiens jusqu'à son
décès; l'autre, qui fut directeur de l'Enregistrement à
Mâcon, y mourut un peu avant sa sœur et sa femme,
également petite-fille du sculpteur. Cet artiste avait, en
effet, donné en mariage une de ses filles au père, mon
arrière-grand-oncle, qui fut directeur des Domaines en
Belgique sous le premier Empire. La statuette en terre
cuite que je possède et dont je vous ai envoyé la photographie, a été offerte par le sculpteur à mon arrière-
grand-père Bournel, alors avocat au Parlement de Paris
et, depuis, représentant de Rethel à l'Assemblée législative [1].

1. Cette statuette, qui mesure environ 30 centimètres de hauteur,
représente une femme à moitié nue, la tête renversée, regardant le
ciel; cette attitude est bien celle qu'affectionnait Pfaff; elle n'a pour
tout vêtement qu'un fichu passant sur l'épaule gauche et sous l'épaule
droite et dont les deux extrémités sont nouées sur la poitrine; une
sorte de maillot en peau lui entoure la taille; du bras droit levé, elle
tient un grand manteau dans lequel elle semble disposée à se draper.
On a cru reconnaître dans cette statuette une amazone ou une Diane,
mais elle nous paraît représenter une martyre ou une sainte, peut-être
sainte Félicité dans l'un des épisodes de sa vie, ou sainte Geneviève.

« Quant à son fils, l'abbé François-Simon de Pfaff, comte de Pfaffenhoffen, sa personnalité bruyante a laissé plus de traces au sein de notre famille. Vous connaissez déjà ses débuts dans la prêtrise, ses procès comme abbé d'Authie. J'ai, de plus, entendu dire, par ses neveux et nièces, qu'il avait été mêlé à l'affaire du Collier de la Reine, mais je ne puis garantir le fait; sa qualité d'aumônier de Louis XVI rend la chose possible, étant donné le rôle du cardinal dans cette affaire. Quoi qu'il en soit, François-Simon, qui aimait à qualifier la Reine « d'adorable », et Madame Elisabeth « d'angélique », s'est dévoué à la cause royale. Dans ses écrits, il rappelle ses efforts pour aider son frère dans des tentatives, avec le baron de Batz, pour arracher l'auguste famille de la prison du Temple avec le concours des nonces Pasca et Brusca et des trois princes de Bourbon-Condé; il mentionne l'aide qu'il a obtenue dans ce but du roi de Prusse et de l'Electeur de Trèves et de l'Electeur bavaro-palatin.

« François-Simon raconte que, muni des lettres du comte d'Artois, il s'est rendu à Rome, et que, sur ses conseils, le pape Pie VI s'est résolu à prendre l'initiative de la reconnaissance de la régence de France dans la personne de Monsieur après la mort de Louis XVI, exemple qui a été imité ensuite par les autres puissances. Il fait aussi allusion à ses voyages accomplis par lui en Allemagne et en Hollande pour négocier avec les différentes synagogues quelques emprunts en faveur des princes français.

« Le comte François-Simon prétend qu'il était en relations étroites avec les hommes d'État de la Grande-Bretagne. Il rappelle que, lorsque les princes et les émigrés se trouvaient en Angleterre exposés à toutes les rigueurs des lois anglaises pour les dettes contractées sur le continent, ce fut à ses sollicitations près du gouverne-

ment britannique que les princes et les Français ont dû
l'acte du Parlement qui les a mis à l'abri de toute pour-
suite pour dettes contractées au dehors de l'Angleterre.
Il prétend même à ce sujet que le colonel anglais Sinclair,
qui avait traité avec les princes pour leur fournir un petit
corps de troupes, n'ayant été remboursé de ses avances
qu'en papier sans valeur, avait pris à Londres un warrant
contre le comte d'Artois. Il ajoute qu'avec l'appui de ses
amis, G. Rose, Sp. Perceval, Windham, lord Churlon et
autres hommes politiques, il s'entendit alors à Londres
avec Pitt pour obtenir le bill en question.

« Mais c'est sur son rôle à l'égard de l'émigration que
François-Simon de Pfaffenhoffen insiste avec le plus de
complaisance. En 1791, il établit à ses frais sur la frontière, entremêlée des pays de Liège et de la France, des
guides qui, placés par échelons, recueillaient les émigrants
et se les transmettaient de l'un à l'autre, les préservant
du danger qu'ils couraient à s'échapper de France à travers des routes inconnues d'un pays entrecoupé. Bien
qu'il ait dépensé pour cette œuvre plus de trois cent mille
francs qui ne lui ont jamais été remboursés, il s'applaudit
d'avoir évité ainsi à une foule de Français les peines révolutionnaires, et d'avoir donné à des centaines d'émigrés le
vivre et le couvert dans ses maisons de ville et de campagne, ainsi que le secours de sa bourse et de son crédit.

« De plus, le comte de Pfaffenhoffen s'attribue un rôle
prépondérant dans la création de l'armée de Bourbon. Il
dit que, dans l'année 1792, les princes ayant vu leurs
efforts impuissants pour procurer des quartiers aux Français qui étaient obligés de quitter les pays-bas autrichiens
et qu'ils cherchaient à réunir sous les drapeaux, s'adressèrent à lui pour leur procurer des établissements dans le
pays de Liège, où son rang et l'amitié du prince-évêque
lui donnaient du crédit. Il ajoute qu'il a réussi malgré la

politique des puissances voisines. C'est là qu'avec l'appui
de sa bourse et de son influence les émigrés se sont for-
més en compagnie sous la dénomination d'armée de
Bourbon. François-Simon possédait à ce sujet des documents émanant des princes et n'ayant pas leur place ici ;
car je ne relaterai pas l'affaire des faux assignats, trop
longue à exposer, prêt, toutefois, à me livrer à cette intéressante étude au moment voulu. Les préliminaires qui
apparaissent successivement, Louis XVIII, Charles X et
les hommes d'État de la Restauration, offriraient autant
d'intérêt que le procès lui-même où figurent Berryer et
Dupin. C'est à la veille de 1830 que le comte de Pfaffenhoffen s'était décidé à entamer contre le roi Charles X
une instance qui, continuée en Écosse, se termina devant
la cour royale de Paris le 11 mars 1836, par arrêt reje-
tant la demande en requête civile formée par l'ex-roi.

« Mais la mort ne devait pas permettre à François-
Simon de profiter de cette sentence et d'obtenir paiement
de son royal débiteur. Celui qui s'intitulait devant la
justice : « Comte du Saint-Empire romain, Chevalier
d'honneur de l'Ordre Souverain de Jérusalem, Seigneur
de Reisenberg en Basse-Autriche, ci-devant administrateur, Prince postulé de Stavelot et Malmédy, ancien tréfoncier capitulaire de l'Eglise Souveraine de Liège, ancien
seigneur de Rothenhof, demeurant habituellement au
château de Reisenberg », allait bientôt mourir laissant à
peine trente mille livres de rente aux derniers des Pfaffenhoffen.

« Ce n'est pas toutefois sans amertume que François-
Simon, qui se plaignait de s'être ruiné pour la cause
royale, supporta ce procès qu'il taxait d'acte d'ingratitude.
Ses lettres à Charles X sont là pour l'attester. Il expose
souvent les dangers par lui courus sous le Directoire, le
Consulat et l'Empire, alors qu'il venait en France pour

sonder en même temps que l'esprit public les moyens des légitimistes. Il rappelle la détention qu'il a subie en 1804 comme suspect de complicité avec le duc d'Enghien ; il raconte que, vers 1812, il fut arrêté en Danemark, conduit à Hambourg, transféré comme partisan des princes français au donjon de Vincennes, où la police aurait confisqué ses papiers, notamment des titres au porteur d'un emprunt des princes en Angleterre ; il affirme que cet enlèvement lui causa un préjudice d'environ 250,000 francs.

« Tels sont, Monsieur, les renseignements que je puis envoyer et que je vous autorise à reproduire s'ils vous paraissent offrir quelque intérêt, heureux de profiter de cette circonstance, etc. »

Par suite des renseignements que M. R. Soleau a bien voulu nous communiquer, nous avons fait de nouvelles recherches en Autriche. Le R. P. Œgidius a bien voulu nous répondre la lettre suivante dont nous donnons la traduction :

Stifft-Schotten in Wien, 23. 4. 94.

Votre Révérence,

« Depuis longtemps, je pense, vous attendez réponse, mais vraiment, il n'est pas facile d'apprendre quelque chose dans cette affaire.

» Dès le début, je me suis adressé à mon collègue de Reisenberg N. O. vu qu'il s'y trouve au château appartenant au comte Cavriani. Malheureusement, la réponse s'est fait attendre et finalement on m'a dit qu'on ne pouvait rien y découvrir, de même qu'on n'espérait rien pour l'avenir, parce que les Cavriani possédaient ce château depuis le xve siècle et qu'ainsi Pfaff n'a pas pu y vivre ni y mourir.

» Je me suis adressé ensuite à mon collègue de Saint-Michel, à Vienne; là j'ai trouvé au registre des baptêmes 1715 : Simon-Georges-Joseph ex Johanne Pfaff et Barbe conjugue etc... En cas d'utilité, je pourrais vous copier encore cet acte. Je me rendis également aux archives de la Cour et de l'État, mais, malgré toutes les complaisances, je n'y pus rien découvrir; cependant j'appris qu'il y avait encore un autre château du nom de Reisenberg, près Wien, qui pouvait bien être celui qu'on cherche. Je m'y rendis moi-même et trouvais qu'il était bien le château recherché. Toutefois, le propriétaire en était absent, je pris son adresse : chevalier de Schlag, ingénieur en chef de Wien, stationgasse', n° 5. Mais lui ayant fait visite j'appris qu'il était déjà le quatrième possesseur depuis Pfaff. Pour le moment, il ne put me rien dire, sinon qu'après Pfaff ce château fut habité par le fameux baron Ch. de Reichenbach qui fit la découverte de l'od[1] et qui, pour faciliter ses expériences, transforma le château de fond en comble, détruisant probablement les principales choses ayant intérêt à votre affaire. Mais le propriétaire actuel m'a promis d'examiner de plus près, aussitôt qu'il le pourra, et de découvrir encore quelque chose, spécialement le monument de l'abbé.

» Dans le nouveau Lexique général allemand[2] de la noblesse, volume 7ᵉ, année 1867, je trouve Pfaff de Pfaffenhöffen, aussi baron et comte, *armoiries* tout à fait comme celles de la famille suisse Pfaff, c'est-à-dire : d'or, un prêtre en chasuble, tenant un livre dans la main droite, la main gauche reposant sur la poitrine.

» Titre héréditaire de comte; diplôme pour François-Simon, baron de Pfaff de Pfaffenhoffen, chanoine du cha-

1. Voir aux pièces justificatives.
2. *Neues, allgemeines deutsches adelslexicon* (année 1867, volume 7).

pitre de Liège èt seigneur de Reisenberg et Rottenhausen, Autriche, et pour son frère Joseph-Dominique Pfaff de
Pfaffenhoffen.

» Vieille noblesse, appartenant d'après ses armoiries à
la famille suisse des Pfaffen, auquel vint plus tard le titre
de baron et de comte et qui s'était fixée en Autriche, à
Cobenzlberg, Reisenberg et Rottenhausen près Wien,
avait des possessions en France et devint plus tard très
connue par ses prétentions considérables à l'égard de la
branche aînée des Bourbons.

» Les descendants postérieurs de cette génération descen-
daient de Simon-Georges, mort en 1784, marié à Marie-
Victoria Bourdel de Bayard, décédée en 1773[1]; de leur
union, deux fils : le comte François-Simon, né en 1753,
mort en 1840, et Joseph-Dominique, né en 1762, mort
en 1845, qui épousa Honorée-Cathar. d'Anglois, décédée
en 1798, et de ce mariage vint le comte François-Simon,
né en 1797, chambellan du grand-duc de Bade; avec
celui-ci, mort en 1872, s'éteignit la ligne mâle de cette
famille. La sœur, Marie-Victoria, née en 1794, chanoinesse du chapitre de Sainte-Anne à Munich, épousa, en
1827, Félix de Bournel.

» Pour ce qui est du duel, je n'ai pu rien apprendre,
cependant quelque chose est encore possible pour cela. »

Nous appellerons l'attention du lecteur sur la signification du nom de Pfaff (ancien allemand) qui veut dire
curé. Depuis la grande révolution, il est devenu un sur-
nom de plaisanterie, mais son origine est celle-ci : les
curés mettaient après leur nom Pfaff, c'est-à-dire *Pastor
fidelis animarum fidelium,* bientôt on disait Pfaff au lieu de
curé. Pfaffenhoffen veut dire cour ou ferme des curés.

---

1. Ici, il y a erreur; c'est Victoire Hourdel qui épousa Simon-
Georges-Joseph Pfaff et non Bourdel. Le nom de Bayard était un
nom de fief appartenant à la famille Hourdel.

Nous donnons ce détail afin d'expliquer les raisons des armoiries susdites.

Nous avons fait toutes les recherches possibles afin de découvrir les statues, cartons et souvenirs du sculpteur Pfaff. Son fils aîné, l'abbé François-Simon étant décédé, son héritier dut être son frère Joseph-Dominique, décédé à son tour en 1845 ; sa succession échut à son fils François-Simon, né en 1797 ; c'est lui qui fut chambellan du grand-duc de Bade ; il mourut en 1872 ; avec lui s'éteignit la ligne mâle de cette famille ; sa sœur Marie-Victoria, née en 1794, épousa M. Félix de Bournel.

Le comte de Pfaff, chambellan du grand-duc de Bade, passait la plus grande partie de son temps chez le prince de Furstemberg sur le lac de Constance ; l'on peut supposer qu'il a dû remettre à ses amis de l'autre côté du Rhin ce qu'il possédait de souvenirs de son grand-père, sa sœur n'ayant rien eu de lui.

L'abbé François-Simon avait fait transporter de Reisenberg à Oberwerth-lès-Coblentz le tombeau de sa sœur Henriette. Il vint à décéder dans ce château le 8 avril 1840, âgé de quatre-vingt-sept ans huit mois et cinq jours ; il institua d'après son testament Ida, sa fille adoptive, légataire universelle ; cette dernière habitait encore Oberwerth en 1884. On connaît plusieurs portraits de l'abbé en costume militaire, en général, un autre avec le manteau de chevalier de Malte, et en celui d'un jeune abbé, ainsi que divers portraits de cette famille. Le plus beau portrait de l'abbé a été légué par le baron François-Simon au prieuré de Furstemberg ; il figure dans sa galerie de tableaux à Donamschiagen (grand-duché de Bade) [1] avec cette inscription : « François-Simon, comte de

---

1. Nous lisons dans le *Gaulois* du 29 novembre 1896 :
« Le prince Charles Egau de Furstemberg vient de décéder au château de Carabacel qu'il avait loué pour l'hiver. Il avait épousé

Pfaffenhoffen, né..... le..... 1753, décédé le..... 1840, chanoine de Liège et prieur-évêque postulé de Stavelot et Malmédy. » Il tenait beaucoup à son titre de prieur-évêque ; divers objets provenant de lui portent la couronne de prieur. Dans ses lettres, la princesse Elise de Furstemberg lui donnait le titre de monseigneur. Nous l'avons trouvé plusieurs fois qualifié du titre d'aumônier de Louis XVI (voir l'*Histoire d'Authie*) de même dans l'acte de signification à l'abbé Catillon, curé de Sainte-Catherine à Abbeville, en date du 15 avril 1786, à l'effet de faire rectifier les actes d'état civil et l'ordre des noms de son père.

Nous donnons aux Pièces justificatives un intéressant travail sur les faux assignats que M. Soleau, le plus proche parent des derniers des Pfaffenhoffen, a bien voulu nous adresser pour joindre à nos recherches, puis deux requêtes de l'abbé de Pfaffenhoffen à la Chambre, qui ont été imprimées et dont les exemplaires se trouvent à Abbeville, et enfin divers articles concernant son procès contre Charles X.

en 1881 Mlle Dorothée de Talleyrand-Périgord, fille du duc de Talleyrand et de Valençay et de sa seconde femme Pauline de Castellanne. La maison de Furstemberg, qui remonte à l'époque de Charlemagne, a été souveraine puis médiatisée. Le prince décédé était chef de la famille, prince du Saint-Empire comme prince de Furstemberg, landgrave de Baar, membre de la Chambre des seigneurs de Bade, de Wurtemberg, de Prusse. C'est dans leur château de Donamschiagen et dans celui de Hohenzollern que le Danube prend ses deux principales sources. La maison de Furstemberg est catholique ; il y a eu un célèbre cardinal de cette maison dont une rue de Paris porte encore le nom près de Saint-Germain-des-Prés. L'arrière-grand-père du prince était feld-maréchal autrichien ; il avait épousé une princesse de Thuruwtaxis. Le prince ne laissa pas d'enfants ; sa fortune était évaluée à trois millions de revenus. Le corps du prince sera ramené lundi soir au château de Donamschiagen. Le chef de la famille est désormais le cousin germain du défunt, le prince Maximilien Egau de Furstemberg, lieutenant dans l'armée autrichienne et membre de la Chambre des seigneurs d'Autriche.

§ III. — JEAN-GEORGES COMTE DE PFAFF

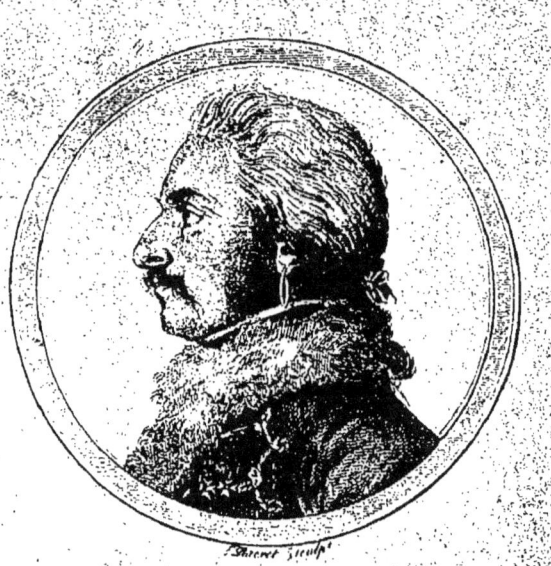

S. Ex. Jean Georges Comte de Pfaff, des Barons
de Pfaffenhoffen libres et immédiats du Saint-
Empire Romain; Chevalier d'honneur de l'Ordre souverain
de Malte, Chevalier de l'Ordre Royal et Militaire de St. Louis,
Colonel de Cavalerie au service de L.L. M.M. Impériales
Royales Apostoliques et très Chrétiennes; et Command' G'
des Régimens de son Nom au service de S. M. Britannique,
&c. &c.

III

JEAN-GEORGES COMTE DE PFAFF

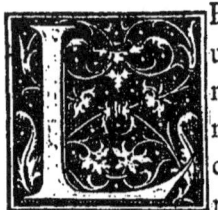E musée du Ponthieu, à Abbeville, possède une gravure qui représente un Pfaff ; nous avons demandé à M. É. Delignières, notre ami et collègue, dont l'obligeance est connue de tous, de vouloir bien faire des recherches à ce sujet ; il a bien voulu nous transmettre les renseignements suivants.

Il existe dans la collection des graveurs d'Abbeville au musée d'Abbeville et du Ponthieu, œuvre de Macret, le portrait d'un Pfaff ; c'est une pièce que nous croyons assez rare.

Le personnage est représenté à mi-corps, dans un médaillon rond ; il est tête nue, les cheveux assez longs, presque blancs, rejetés en arrière où ils sont retenus à la nuque par un petit ruban ; la tête en plein profil tournée à gauche, physionomie fière, énergique, les yeux grands, le nez fort, légèrement arqué, moustaches longues tirées sur le côté, favoris courts, un peu en arrière, aux oreilles des boucles d'oreilles en grands anneaux ronds, le cou engagé dans un haussé-col serré, type slave, accusant l'origine polonaise.

Le personnage est couvert d'une pelisse fourrée au col et, par-devant, avec brandebourgs sur le côté et ornée de deux croix pendantes.

La gravure est assez bonne, d'un bon dessin.

Diamètre intérieur du médaillon, 0^m,085.

Diamètre extérieur, y compris l'encadrement également rond, 0^m,095.

Hauteur du cadre, 0^m,220.

Largeur, 0^m,178.

Inscription imprimée au bas dans la marge :

S. Exc. Jean Georges Comte de Pfaff des Barons de Pfaffen-hoffen, libres et immédiats du Saint-Empire Romain, chevalier d'honneur de l'ordre souverain de Malte, chevalier de l'ordre Royal et militaire de Saint-Louis, colonel de cavalerie au service de LL. MM. Impériales, Royales, apostoliques et très chré-tiennes, et Commandant G^{al} des Régimens de son nom au service de S. M. Britanique, etc., etc., etc.

§ IV. — HENRIETTE-FRANÇOISE-THÉRÈSE
DE PFAFF

IV

HENRIETTE-FRANÇOISE-THÉRÈSE DE PFAFF

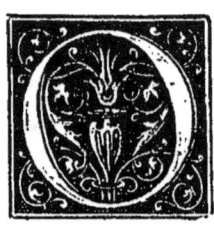N trouve Henriette de Pfaff à Saint-Riquier en 1793.

« Du 9 octobre 1793, l'an deuxième de la République, une et indivisible, à deux heures d'après-midi, nous maire et officiers municipaux de la commune de Saint-Riquier, district d'Abbeville, département de la Somme, nous sommes transportés en la maison de la citoyenne Henriette Pfaff, à l'effet de faire prêter le serment civique voulu par la loi à la citoyenne Marie-Françoise-Angélique Walet, ex-religieuse de ci-devant Saint-Julien d'Amiens, reçue chez la citoyenne Pfaff, où étant parvenue dans la maison de ladite citoyenne Pfaff sur les trois heures, ladite citoyenne Marie-Françoise-Angélique Walet, présente, a prêté devant nous, présent le procureur de la commune susdite et de deux membres du Comité de surveillance de ladite csmmune, le serment tel que d'être fidèle à la nation, à la loy, de maintenir de tout son pouvoir la liberté, l'égalité, l'unité et l'indivisibilité de la République, ou de mourir à son poste en les défendant; et a ladite citoyenne Walet cy-dessus dénommée, signé avec nous officiers municipaux, le procureur de la commune et les deux membres du Comité de surveillance. — De ce jour, lieu et heure ci-dessus, Marie-Françoise-Angélique Walet, Rumault, Levoir, Jean-François Canu, Dequevauvillers, Cantrel. »

Le 17 décembre 1803, la supérieure de l'hospice de Saint-Riquier, Révérende Mère Marguerite, née de Mortagne, vint à mourir et distribua par testament le petit pécule amassé d'une rente personnelle créée en sa faveur par Mgr d'Orléans de la Motte en 1753 ; c'est Mademoiselle Henriette de Pfaff qui en était dépositaire ; l'argent était resté dans les caisses de l'établissement jusqu'en 1789, mais, voyant alors l'usage qui en était fait par les nouveaux administrateurs, la religieuse réclama ses fonds et les confia à cette pieuse demoiselle jusqu'à sa mort.

§ V. — JOSEPH-DOMINIQUE BARON DE PFAFF DE PFAFFENHOFFEN

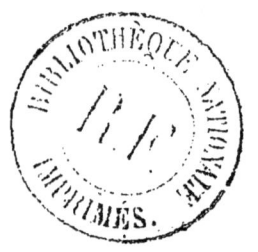

JOSEPH-DOMINIQUE PFAFF BARON DE
PFAFFENHOFFEN

’ABORD commis aux exercices dans la régie générale des aides à la résidence de Blangy, élection d’Eu, il y resta depuis le 25 novembre 1788 jusqu’au mois de janvier 1790.

Puis il exerça les fonctions de commis en second à cheval à la résidence de Pont-de-l’Arche, depuis janvier 1790 jusqu’au 1er mai 1791, époque de la suppression de la régie. Il passa alors dans l’administration de l’enregistrement des domaines et des forêts.

Ordre de surnuméraire dans l’enregistrement pour le bureau de Montdidier à la date du 21 avril 1791.

Le 22 juillet 1791, il revint à Pont-de-l’Arche comme receveur de l’enregistrement; il y arriva le 9 avril 1791 et quitta cette résidence le 10 février 1794.

Puis il passa receveur au bureau de Falaise où il fut installé le 7 nivôse an II; il y resta jusqu’au 12 thermidor de la même année.

Puis, d'après une lettre des administrateurs, il fut nommé vérificateur dans le département de la Manche.

Une autre lettre du 16 prairial an II le nomma vérificateur dans le département de l'Eure, où il exerça cette fonction depuis le 21 thermidor an II (8 août 1794) jusqu'au 1er fructidor an XIII (19 août 1805).

Suivant lettre du 7 thermidor an XIII, il fut nommé inspecteur dans le département de la Mayenne.

Puis, suivant lettre du 21 thermidor an XIII, il fut nommé inspecteur dans l'Ariège, prêta serment au tribunal de Foix le 29 fructidor au XIII ; il y exerça les fonctions d'inspecteur de la 1re division de l'Ariège depuis le 29 fructidor an XIII (16 septembre 1805) jusqu'en septembre 1807.

Le 25 août 1807, il fut nommé inspecteur dans le département d'Eure-et-Loir.

Le 14 septembre 1807, il fut nommé inspecteur à Abbeville (Somme), où il a exercé depuis le 5 octobre 1807 jusqu'au 16 juillet 1819.

Service dans la régie générale des aides	2^{ans}	5^{mois}	5^{jours}
Service dans l'administration de l'enregistrement et des domaines et des forêts	25	11	7
Total	30^{ans}	4^{mois}	12^{jours}

Par jugement du 14 mai 1816 du tribunal de Louviers, Joseph-Dominique obtint la rectification des actes de l'état civil de sa famille établi pendant la période révolutionnaire.

———

TROISIÈME PARTIE

PIÈCES JUSTIFICATIVES

PIÈCES JUSTIFICATIVES

Entre Simon comte de Pfaff, prêtre, docteur en droit canon et civil de la faculté de Paris, et tant en son nom propre et privé que comme chef des nom propre et armes de sa famille, Jean-Georges, Joseph-Dominique, Victoire-Félicité, Henriette-Françoise-Thérèse de Pfaff, demandeurs en requête visée en l'arrêt de la Cour du 12 mai dernier, tendant à ce que, attendu les obmissions de qualité qui subsistent dans une multitude d'actes soit privés, soit notariés, soit ecclésiastiques et que la réformation de ces actes dépend de l'état assuré et tranquille en France de l'abbé comte de Pfaff et consorts, qu'il existe dans le royaume une multitude d'actes susceptibles de cette réformation, laquelle deviendrait pénible et dispendieuse s'il fallait s'adresser à toutes les justices des lieux où chacun d'eux a été passé, ledit abbé comte de Pfaff et consorts fussent autorisés en vertu de l'arrêt à intervenir à faire rectifier à leurs frais et dépens tous les actes publics, civils, ecclésiastiques et privés, dans ceux où les noms de baptême dudit baron de Pfaff, leur père, furent transposés, de les placer dans l'ordre de Simon-Georges-Joseph, fils de Jean, conseiller aulique, secrétaire intime de sa majesté impériale, royale et apostolique, et de Barbe née comtesse

d'Eusseim Sindarlangin[1], gouvernante de sérénissime archi-
duchesse, son épouse, et d'y ajouter à tous les actes qui
ne contiendraient pas les qualités de leur père celles de
très haut, très noble, très illustre chevalier de Pfaff, des
barons de Pfaffenhoffen libres et immédiats du Saint Empire
Romain, qui sont celles de leur famille et contenues dans
les actes de baptêmes, de morts, de mariages, dans les
contrats de mariages, d'acquisitions, de ventes, de testa-
ments, partages et autres titres et actes de leurs aïeux,
dont la descendance directe et filiation sont authentiquement prouvés depuis le onzième siècle par les pièces,
titres annexés à la dite requête et également visés et en
conséquence tenus tous dépositaires publics, curés, notaires, greffiers et autres, de représenter chacun à leur
égard, leurs registres, minutes et expéditions, etc., à
l'effet de ladite réformation, à la première sommation qui
leur en sera faite, sinon autorise ledit abbé comte de
Pfaff et consorts à faire compulser lesdits registres,
minutes et autres, pour l'exécution dudit arrêt à intervenir, d'une part, et Monsieur le Procureur Général
défendeur, d'autre part.

*Arrêt contradictoire de la Grande Chambre, audience de 9 heures du
14 décembre 1785.*

Me SÉGUIN, Avocat général.

Me GAUTHIER, Avocat.

Après que Me Gauthier, avocat de François-Simon
comte de Pfaff et consorts, et Seguin, pour le Procureur
Général du Roi, ont été ouïs,

1. A l'état civil rectifié de Saint-Riquier, on lit dame Barbe, née
comtesse de Coffier, et, au greffe du tribunal civil d'Abbeville, on lit
dame Barbe, Hinterlangueme.

La Cour ayant aucunement égard à la demande des parties de Gauthier les autorise à faire rectifier à leurs frais et dépens tous les actes dont il est question, dans ceux dont les noms de baptême sont transposés, les placer dans l'ordre de Simon-Georges-Joseph Pfaff et à ajouter à ceux qui ne continueront pas la qualité de leur père celle de baron de Pfaffenhoffen, libres et immédiats du Saint-Empire Romain, à l'effet de quoi leurs dépositaires tenus de représenter chacun à leur égard leurs registres, minutes, à la première sommation, sinon autorise pareillement lesdites parties Gauthier à les faire compulser ; sur le surplus, met les parties hors de cause, ordonne que mention sera faite du présent arrêt en marge desdits actes. Fait le 14 décembre 1785 [1]. (Archives Nationales.)

Acte de mariage.

Le 24ᵉ jour du mois de mai 1751, moi Hesse, desservant la cure de la paroisse de Notre-Dame de Saint-Riquier, ai marié solennellement le sieur Simon-Georges-Joseph Pfaff, natif de Vienne (Autriche), paroisse de Saint-Michel, âgé de trente-six ans, fils de défunts Jean Pfaff et de dame Barbe Hinterlanguême d'une part ; et demoiselle Marie-Madeleine-Victoire Hourdel, fille du sieur Nicolas-François Hourdel, notaire, et de dame Marie-Françoise Cocu, de cette paroisse, d'autre part, après que les fiançailles ont été célébrées, la publicité du ban, les parties ayant obtenu dispense des deux autres, qui est resté entre nos mains. En présence de Jean-Baptiste-Nicolas-Angil-

1. Communiqué par M. P. Gosselin, conservateur-adjoint du musée archéologique de Senlis (Oise).

bert Hourdel, frère de l'épouse[1], et du sieur Étienne Arbettier, compagnon de l'époux, qui ont signé et les parties avec nous en présence de Marie-Anne Hourdel, épouse du sieur Douert, et Marie-Madeleine-Fleuvie Marcotte, qui ont aussi signé.

Suit une annotation que l'on trouve à la fin du registre d'état civil pour la rectification de cet acte, dont voici l'extrait :

Note relative à l'acte de mariage du sr Pfaff du 24 mai 1751.

Par arrêt de la Cour du Parlement du 14 décembre 1785 rendu entre François-Simon comte de Pfaff, prêtre docteur en droit canon et civil de la faculté de Paris, et tant en son nom propre et privé que comme chef des nom et armes de la famille, Jean-Georges, Joseph-Dominique, Victoire-Félicité, et Henriette-Thérèse de Pfaff, tous cinq enfants de feu Simon-Georges-Joseph baron de Pfaff, demandeurs, d'une part, contre le Procureur Général, d'autre part. Lesdits sieurs comte de Pfaff et ses frères et sœurs ont été autorisés à faire rectifier tous les actes dont s'agit en leur demande dont les noms de baptême sont transposés, les placer dans l'ordre de Simon-Georges-Joseph Pfaff, et ajouter à ceux qui ne contiennent pas la qualité de leur père, celle de baron de Pfaffenhoffen titres immédiats du Saint-Empire Romain. Et a été la présente note faite pour valoir de réformant à l'acte de célébration de mariage dudit baron de Pfaff, du 24 mai 1751, par moi greffier soussigné, de l'arrêt susdaté à moi exhibé ce jourd'hui 3 octobre 1788. Signé, Roizé. (Greffe du Tribunal civil d'Abbeville.)

---

1. Jean-Baptiste-Nicolas-Angilbert Hourdel, sieur de Bayart, décéda le 15 juin 1789, âgé de 65 ans, procureur et notaire de la prévôté de Saint-Riquier.

Acte de décès de Madame Pfaff.

Le 13 novembre 1773 est décédée dans cette ville (Saint-Riquier), chez M. Hourdel, son père, munie des sacrements de l'Église, demoiselle Marie-Madeleine-Victoire Hourdel, âgée de cinquante et un ans, épouse du sieur Simon-Georges-Joseph Pfaff, sculpteur figuriste demeurant en la ville d'Abbeville, paroisse Sainte-Catherine, et le lendemain après-midi fut inhumée en cette église par moi soussigné ; en présence de Dominique Pfaff, son fils, de Nicolas-François Hourdel, ancien notaire, procureur et ancien maire de cette ville, son père, et M. Jean-Baptiste-Nicolas-Angilbert Hourdel, son frère, qui ont signé avec nous. Brios. (Greffe d'Abbeville.)

Le comte François-Simon de Pfaff, prêtre, habitait à Paris, rue du Parc Royal, hôtel d'Orléans, en juin 1791, rue d'Enfer n° 175. En 1792, il était chanoine tréfoncier à Liège (Belgique).

Jean-Georges de Pfaff était en 1792 officier de hussard au régiment d'Hesteradzy.

Il existe au musée de Nancy une gravure à l'eau-forte bien faite : deux mendiants recevant l'aumône d'un homme sur le seuil de sa porte ; elle mesure 125 millimètres de largeur et 160 millimètres de hauteur ; c'est une copie d'après Rambrandt, elle est signée : Baron de Pfaffenhoffen, fév. 1794 ; elle pourrait être attribuée à l'un des enfants de notre sculpteur.

Henriette-Françoise-Thérèse était fille majeure en 1792 ; elle figure le 15 avril 1788 à l'acte de baptême d'Alphonse-Dominique Sanier, fils de François et d'Aldegonde-Thérèse-Gertrude Leuillier.

On trouve encore dans l'histoire de Saint-Riquier par le chanoine Hénocque les renseignements suivants :

Joseph-Dominique Pfaff, baron de Pfaffenhoffen, ancien inspecteur de l'enregistrement et des domaines, ayant demeuré à Saint-Riquier, Abbeville et Vitry-le-Français.

Victoire-Félicité Pfaff, veuve de Jean-Charles-Remy Bournel, ancien directeur des domaines.

Demoiselle Pfaff, épouse de Louis-Désiré-Jean-Marie-Félix Bournel, alors vérificateur d'enregistrement et des domaines.

Dans une lettre de faire-part où l'on annonce la mort de M. Thomas-François-Hubert Bournel, décédé à Amiens le 22 février 1858, figurent parmi les membres de la famille : de la part du baron de Pfaffenhoffen, d'Arras, du baron de Pfaffenhoffen, chambellan du grand duc de Bade, et de Monsieur et Madame Petit-Lefebvre de Saint-Riquier et de leur fille, dernière descendante de la famille Hourdel.

Il existe actuellement à Amiens une famille du nom de Pfaff, dont l'origine remonte à un Pfaff qui accompagnait M. le marquis de Lameth à son retour de l'émigration. Cet homme très érudit fut le précepteur des enfants de M. le marquis de Lameth, seigneur de Hénencourt; il se maria et se fixa à Béhencourt, et il eut postérité dont les représentants sont aussi sculpteurs de mérite, et décorent actuellement la basilique de Notre-Dame de Brebières à Albert (Somme).

Extrait d'un accord passé devant Me Buteux, notaire à Saint-Riquier, en date du 24 juillet 1752.

Par-devant les notaires du Roi résidants en la ville de Saint-Riquier, soussignés, fut présent Louis-Antoine Glatour, compagnon ciseleur, fils majeur et coutumier de feu sieur Barthélemy Glatour, marchand de chevaux, et d'encore vivante demoiselle Thérèse Lejeune, demeurant à Paris, rue..... paroisse Saint-Nicolas-des-Champs, étant présent depuis 10 mois en cette ville, et procédant à l'assistance et sous l'autorité d'Antoine Govin, charron, demeurant en cette ville, qu'il a nommé pour son curateur et assistance de cause. Lequel Glatour a reconnu et confessé être en apprentissage, à savoir de ce jourd'hui jusque à quatre ans prochain, finis et accomplis chez Me Simon-Georges-Joseph Pfaff, sculpteur, demeurant en cette ville, à ce présent et acceptant, qui a confessé avoir pris et retenu à son service élève apprenti. pour ledit temps le sieur Glatour, durant lequel temps il promet lui montrer, enseigner à son pouvoir son art de sculpteur autant qu'il lui sera possible et en outre le nourrir, loger, blanchir et traiter humainement comme il appartient, à la charge que ledit Glatour s'entretiendra de tous ses habits, linges, chaussures et autres, ses nécessités honnêtes, selon sa condition. Pour lequel apprentissage, les parties sont convenues que ledit sieur Glatour ne pourra demander choses autres audit sieur Pfaff, mais qu'il ne pourra non plus demander aucune chose autre au sieur Pfaff pendant les quatre années qu'il sera en apprentissage ; et au moyen de ce ledit Glatour a promis d'apprendre ledit art de sculpteur du mieux qu'il lui sera possible et servir ledit sieur Pfaff, son maître, fidèlement et diligemment et lui obéir en toutes choses licites et honnêtes qu'il lui commandera, faire son profit et l'avertir de son dommage s'il vient à sa connaissance, sans s'absenter, ni aller ailleurs servir et travailler durant lesdites quatre années, auquel cas d'absence ledit sieur Glatour, après lesdites quatre années, sera tenu et s'oblige de récompenser ledit sieur Pfaff en travaillant pour lui pendant un délai pareil à celui qu'il aura été absent; et, en considération de ce que ledit sieur Glatour ne paye aucune chose pour apprentissage, icelui promet et s'oblige durant le temps de son apprentissage de faire exactement les ciselures auxquelles ledit sieur Pfaff l'emploiera et dont il aura besoin jusqu'à concurrence de six mois, pendant les quatre ans et dans lequel temps de six mois les ciselures qui restent à faire à Valloires ne sont pas comprises, ledit Glatour étant encore obligé de les faire, a été convenu qu'au cas où ledit sieur Glatour vienne à quitter et à cesser de travailler pour le sieur Pfaff avant avoir employé les quatre années comme il s'y est obligé ci-dessus; qu'en ce cas, ledit sieur Pfaff sera autorisé à répéter à l'encontre dudit Glatour les pensions pour le temps que ledit Glatour aura été chez lui, sans que ledit Glatour puisse assigner et donner en déduction les travaux qu'il aurait fait en ciselure. Ainsi convenu, faits et passé audit Saint-Riquier avant midi, le 24ᵉ jour de juillet 1752, et ont les comparants signé avec le notaire.

Vente par Simon-Georges Pfaff de sa maison d'Abbeville.

Le 11 janvier 1774, par-devant Mᵉ Watel, notaire à Abbeville, Simon-Georges-Joseph Pfaff vend par ces présentes en son nom et de celui de ses enfants au profit de Mᵉ Jean-Baptiste-Honoré Deroussen, avocat au Parlement au siège de la sénéchaussée du Présidial de cette ville, y demeurant, place du Saint-Sépulcre, et de dame Marie-Anne-Thérèse Aliamet, son épouse, qu'il autorise, une maison à porte cochère, bâtiments, cave, etc., à l'entrée de la petite rue aux Pareurs, paroisse Sainte-Catherine, tenant d'un côté à la Fleur de Lis, d'autre à la veuve Devaugué, d'autre au froc et tenue de la fabrique de Sainte-Catherine de 5 sols de cens par an. Cette maison acquise des sieurs et dame Picquet de Bonnainvillers, par le sieur Pfaff, suivant acte du 6 juin 1752, passé devant Mᵉ Buteux, notaire à Saint-Riquier, ensemble les améliorations faites du depuis, compris sa table de marbre, dessus de portes en peinture, son cadre, plaque de cheminée, glace en trumeau, peinture au-dessus, bras de cheminée en cuivre, tapisserie, buffet de chêne à quatre vantaux ; les vendeurs continueront d'occuper jusqu'au 15 février prochain ; les blocs de marbre dans la cour y resteront jusqu'au 1ᵉʳ mai. Cette vente est faite francs deniers, moyennant sols aumônés aux pauvres, 24 livres pour épingle et la somme de 7,500 livres pour prix principal.

Inventaires.

Au 31 décembre 1773, lors de l'inventaire après décès de sa femme, devant Mᵉ Watel, notaire à Abbeville, après une longue énonciation de meubles, effets divers, blocs de marbre, d'Italie et autres, Pfaff déclare qu'au mois de septembre dernier, avant de quitter Abbeville pour se rendre à Paris, que sa femme étant déjà souffrante depuis longtemps et ayant désiré se retirer à Saint-Riquier, lieu de sa naissance, ils firent alors transporter la meilleure partie de leurs effets à la demeure de la famille des époux, que cette dernière y est décédée, ce qui lui a été annoncé lorsqu'il était encore à Paris et il requiert le notaire de continuer l'inventaire à Saint-Riquier.

Nous voyons encore par cet acte que Pfaff était marguillier et receveur de la fabrique de Sainte-Catherine ; il déclare avoir avancé pour la fabrique la somme de 225 livres.

Dans les cueilloirs et comptes de la paroisse de Sainte-Catherine (archives de Saint-Wlfran), nous trouvons :

Pour les bancs, deux ans après la Saint-Jean-Baptiste exclusivement : 1° du sieur Simon-Georges-Joseph Pfaff, statuaire, la somme de 6 livres pour deux années de loyer à 3 livres par an pour le premier banc vers la porte du côté de la chaire à prêcher, qu'occupait ci-devant la veuve Samson-Minart. Délibération du 2 novembre 1755 [1].

Le 22 décembre 1773, par-devant notaire, Pfaff constitue son procureur général et spécial Claude-Vulfran de Poilly, praticien, demeurant à Abbeville, paroisse de Saint-Georges, présent et acceptant, auquel il donne pouvoir en son nom et qualité de marguillier et receveur actuel du temporel de la fabrique de Sainte-Catherine [2], pour deux années commencées à la Saint-Jean-Baptiste dernière, faire gérer la recette des revenus dans le cours des deux années, et promet et s'oblige d'allouer et faire raison audit sieur de Poilly de la somme de 110 livres pour salaire et rétribution.

Suivant l'inventaire après décès du sculpteur Pfaff, en date du 16 septembre 1784, passé devant Mᵉ Buteux, notaire à Saint-Riquier, nous voyons que Pfaff et ses cinq enfants ont reçu des officiers municipaux de la ville et abbaye de Saint-Riquier des lettres de bourgeoisie le 28 juin 1775. Figurent dans cet inventaire : un portrait de forme ovale représentant l'abbé Pfaff, une table de marbre d'Italie posée sur un pied en sculpture qui tient à la muraille, sur laquelle est le buste de Voltaire en

1. On voyait dans l'église Sainte-Catherine, au grand autel, un tableau représentant sainte Catherine discutant avec des philosophes. Ce tableau très beau était une copie faite par Bomy ; M. de Dompierre en avait fait présent à cette église.

2. Les Lefebvre dès Amourettes, d'où sont issus les Lefébure de Cérisy et les Lefébure du Bus, avaient leur sépulture dans un caveau de l'église de Sainte-Catherine, sous le chœur.

plâtré, un cadre représentant Voltaire la tête ceinte d'une couronne en bois sculpté. Le portrait de Pfaff au-dessus de la cheminée[1], un génie représentant l'astronomie, en bois, un enfant en plâtre, un projet d'autel et plusieurs débris de sculptures. Un médaillon représentant Mgr le comte d'Artois, deux portefeuilles contenant différentes estampes. Dans la cour, remise tenant au jardin, quatre-vingt-dix-huit carreaux de marbre d'Italie de vingt pouces carrés, deux cent quatorze de douze pouces carrés, huit petites encoignures et une petite table de même marbre, tablettes de marbre noir, etc., etc. Puis, nous lisons cet article : Ensuivent les lettres et papiers représentés par M. Callé, curé de Saint-Riquier, auquel le sieur Pfaff père les avait déposés lors de son départ de Saint-Riquier pour Avallon, où il est décédé.

Dans l'état des produits de la vente des meubles de la succession de Pfaff, en date du 4 mars 1786, nous relevons dans le procès-verbal de vente qui eut lieu à Saint-Riquier le 19 septembre 1784 que les intéressés vendirent quantités de carreaux et morceaux de marbre à messieurs les religieux de la Chartreuse d'Abbeville moyennant 446 livres.

Et, postérieurement à cette vente, il s'en était fait une autre du consentement des intéressés de morceaux de marbre restant des travaux faits par ledit sieur de Pfaff à l'abbaye de Cercamps, ladite vente faite au profit de la fabrique de Saint-Jacques d'Abbeville, le 1er décembre 1785, moyennant 300 livres.

Il est payé 9 livres à Joseph-Dominique de Pfaff pour les dépenses par lui faites dans ses voyages à Cercamps, à l'effet de conclure le marché des marbres et en faire livraison suivant quittance du 15 décembre 1785.

1. Le portrait du père du sculpteur Pfaff; nous reviendrons tout à l'heure sur ce portrait.

Les frais pour le convoi et le service funèbre célébré à Avallon pour les obsèques du sculpteur Pfaff se sont élevés à 34 livres 15 sols.

A M. l'abbé Callé, curé de Saint-Riquier, pour le service chanté pour le repos de l'âme de Pfaff, quittance du 17 septembre 1784, 27 livres 13 sols.

Payé au sieur Briart, fondé de pouvoirs de M. l'abbé de Buissy, prieur commendataire du prieuré du Saint-Esprit d'Abbeville, 39 sols.

Le 31 mars 1785, vente par Jean-Georges de Pfaff, bourgeois de Paris, de 191 v. 1/2 de terre à Gapennes, moyennant 1080 livres. (Lavernot, notaire à Abbeville.)

Le 17 avril 1786, par acte passé devant Lefebvre, notaire à Abbeville, Jean-Georges de Pfaff vend ses terres à Famechon.

Le 20 mai 1786, sentence d'adjudication en la justice et prévôté de Saint-Riquier, à la requête de M. Bournel, visiteur des domaines, et son épouse, et François-Simon Pfaff, demeurant à Paris et autres Pfaff demeurants à Saint-Riquier, d'une maison à Famechon, moyennant 1450 livres.

Le 14 novembre 1786, vente par Jean-Georges de Pfaff, bourgeois de Paris, de 2 journaux 61 verges de terre à Saint-Riquier et Millencourt, devant Lefebvre, notaire à Abbeville.

Le même, conjointement avec ses frères et sœurs, par acte devant Buteux, notaire à Saint-Riquier, le 26 avril 1787, vend des terres situées à Saint-Riquier.

L'abbé Simon, comte de Pfaff, vend 95 verges de terre à Saint-Riquier, pour 525 livres, par-devant Me Hullin, notaire à Flixecourt, le 30 juin 1788.

Monument commémoratif élevé en la châtellenie de Long en l'honneur de Mgr le comte d'Artois.

Nous ferons remarquer à cette occasion que le comté de Ponthieu fut donné en apanage à Mgr le comte d'Artois.

Lettre de M. de Bastard, chancelier, garde des sceaux, chef du conseil, surintendant des maisons, domaines, finances, bâtiments, arts et jardins de Mgr le comte d'Artois, à MM. les officiers municipaux d'Abbeville. Il envoie deux exemplaires de lettres patentes par lesquelles le Roi accorde à Mgr le comte d'Artois son frère, tant en remplacement qu'en supplément d'apanage, la province de Berry et le comté de Ponthieu, dont les officiers municipaux font partie, 5 août 1776, et de l'arrivée de M. Élie de Beaumont pour prendre possession de ce comté, 9 août 1776. Le 20 août 1776, M. Élie de Beaumont, intendant des finances de Mgr le comte d'Artois, vint prendre possession du comté de Ponthieu au nom du prince, Mgr Charles-Philippe de Bourbon, fils de France, frère du Roi et comte d'Artois [1], qui en avait été investi par lettres patentes des mois de juin même année. A l'occasion de cette investiture, de grandes fêtes eurent lieu à Abbeville.

Par lettres patentes de février et août 1786, enregistrées au Parlement le 17 février 1787, Louis XVI donna à Mgr le comte d'Artois, à titre de supplément d'apanage, les terres et seigneuries de Doullens et de Montreuil et la

---

1. Charles-Philippe, comte d'Artois, colonel général des Suisses et Grisons, né à Versailles le 5 octobre 1757, marié le 16 novembre 1773 à Marie-Thérèse, princesse de Savoie, née à Turin le 31 janvier 1756; par la suite, le comte d'Artois devint Charles X.

mouvance des terres de Saint-Valery et de Cayeux, distinguant cette mouvance du comté d'Amiens.

Le 30 août 1777, M. Élie de Beaumont, écuyer, seigneur de Canou, de Berney, des fiefs hauts, fut reçu par MM. les officiers municipaux d'Abbeville avec une lettre de M. de Sainte-Foye, chevalier, ancien ministre plénipotentiaire du Roi près la cour des Deux-Ponts, surintendant des domaines, finances, bâtiments de Mgr, s'adressant à M. Élie de Beaumont (datée du 22 août présent mois), par laquelle M. de Sainte-Foye lui notifie, de la part de Mgr, la commission que Mgr lui donne par la même lettre de former la compagnie des officiers municipaux de la présente ville desquels la nomination appartient à Mgr à titre de son apanage, attendu que cette ville n'a pas acquis les offices municipaux, et il nomma pour maïeur Gabriel-Augustin Blondin de Bazonville, chevalier de l'ordre royal et militaire de Saint-Louis [1].

COMMUNE DE LONG

Extrait d'une pétition à nous présentée le 1er septembre 1792, en notre séance du dimanche 2 suivant.

Du 1er septembre 1792, l'an IV de la liberté et le 1er de l'égalité, se sont présentés devant nous Honoré-Noël Moignet, procureur de la commune de Long, plusieurs citoyens électeurs de différents districts du département de la Somme, lesquels nous ont dit que, passant par la diligence d'eau pour aller à Abbeville, ils avaient été surpris, ainsi qu'environ cent autres passagers, électeurs comme eux, dont ils se sont dit députés vers nous, pour

---

1. Dont une des filles épousa le 12 frimaire an III (2 décembre 1794), notre ancêtre, Charles-François Wignier, écuyer, seigneur d'Avesnes.

nous manifester leur surprise d'avoir vu sur notre territoire et près le ci-devant château de cette commune de
Long, exister encore une pyramide, monument honteux
de la féodalité, dont cet objet en particulier présente une
foule d'attributs ; que c'était une inobservation de la loi,
qui leur avait paru intolérable, et qu'ils avaient mis pied
à terre pour présenter à la municipalité leur pétition
comme citoyens, à l'effet de faire disparaître ce signe
avilissant de l'esclavage et autres marques de même nature
qui pourraient exister à l'extérieur de la maison du sieur
Boubert, laquelle pétition est signée ainsi qu'il suit :

Louis Barbier, électeur du canton de Roye, district de
Montdidier, Le Masson, Joseph de Bonnaire, Boudou,
électeur, Chevalier, Chopart, Galy, Armestant, Pourest,
Grux.

Lecture et communication prise de ladite pétition
devant le maire, officiers municipaux et procureur général de la commune de Long et Catelet, le procureur de
la commune entendu, il a arrêté de députer un membre
de la municipalité pour consulter Messieurs les administrateurs de la ville dont il a plû à ces Messieurs de nous
donner l'avis suivant :

*Extrait du registre aux délibérations du Directoire d'Abbeville du
6 septembre 1792, l'an IV de la liberté.*

Il a été mis sur le bureau une pétition de plusieurs
électeurs du département de la Somme au procureur de
la commune de Long, dans laquelle ils requièrent la suppression de l'obélisque placé sur les propriétés de M. de
Boubert. Il a été représenté par les sieurs officiers municipaux de Long qu'en supprimant les traces de féodalité,

ils désireraient en consacrer les restes à la liberté et l'égalité et faire placer sur sa base le bonnet.

L'assemblée ouïe, M. le Procureur syndic, considérant
que le monument dont s'agit est placé sur un terrain dont
la commune n'est pas propriétaire et dont elle ne pourrait
disposer que dans le cas où elle se porterait acquéreur,
par suite des vœux des lois concernant la vente des biens
des émigrés, arrête : que, dans le plus bref délai, ladite
commune sera tenue de supprimer, dans toutes les
inscriptions, armoiries et autres marques de féodalité qui
entourent l'obélisque, d'enlever l'aigle en plomb qui la
couronne, pour en exécution de l'arrêt du conseil du
département du 29 août dernier être employé à la con-
fection des balles nécessaires à la défense de la patrie,
ajoutant au surplus, que, dans le cas où la commune se
déterminerait à faire l'acquisition du terrain pour faire de
cet obélisque un monument de liberté et égalité, l'aigle
devrait en être également supprimé pour être remplacé
par le bonnet de liberté. Signé : Ledoux et de Vallois.

D'après l'avis ci-dessus, les sieurs maire et officiers
municipaux et le sieur Honoré-Noël Moignet, procureur
de la commune, et le Conseil général, il a été immédiatement arrêté et délibéré que ladite pyramide serait démo-
lie et jetée basse *(sic)* ainsi que toutes les armoiries qui
entourent l'extérieur du château seraient entièrement effa-
cées et supprimées, sans qu'il en reste aucune *(sic)* vestige.
Pour parvenir à la destruction dudit monument dont
s'agit, il a été convenu et arrêté avec Louis Denis, serru-
rier, et Honoré Carpentier, maçon, tous deux demeurant à Long, que lesdits sieurs Denis et Carpentier se
chargent et s'engagent de démolir ledit monument et
armoiries sans qu'il en reste aucune marque, à la charge
par la commune dudit lieu de Long de leur payer la
somme de 36 livres, et que lesdits sieurs Denis et Car-

pentier ont accordé. Il a été aussi arrêté que les sieurs membres de la municipalité se trouveraient présents à la démolition du pied de ladite pyramide, à quoi lesdits Denis et Carpentier s'obligent d'en avertir lesdits sieurs officiers et signer avec nous. Fait et arrêté lesdits jour et an que dessus. Signé : Honoré Carpentier, Louis Denis, Moreau, maire, F. Dieu, Joly, Lourdelle, Plé, Pecquet, Moignet, procureur, Honoré Dieu, Rose, Joly, Danten, Moignet fils, Bellart.

Séance du dimanche 14 octobre 1792.

Nous, maire et officiers municipaux, procureur de la commune, et le conseil général de la municipalité de Long, assemblés dans la maison commune d'après publication préalablement faite à l'issue de la messe paroissiale. Le sieur procureur de la commune a remontré qu'il était nécessaire de prendre les moyens les plus favorables pour retirer les décombres d'une pyramide qui existent en face du château et qu'il était urgent de prendre un parti à cet égard. L'assemblée a déclaré qu'il fallait vendre les décombres, tant en plomb qu'en fer et autres matériaux, au profit de qui il appartiendra, et néanmoins ladite vente ne sera exécutée que sous le bon plaisir de Messieurs les administrateurs compétents ; c'est ainsi que nous avons délibéré et arrêté le 14 octobre susdit 1792.

En continuant la même séance :

A MESSIEURS,

Messieurs les Administrateurs du District d'Abbeville.

MESSIEURS,

La municipalité de Long expose qu'ils ont *(sic)* fait démolir une pyramide, qui, de son existence, se trouvait suspecte,

et que les décombres de ladite pyramide se trouvent dans
le cas d'être exposés à la rigueur de la saison prochaine
et qu'il est urgent de prévoir à en tirer parti, c'est-à-dire
de vendre lesdits décombres et matériaux, tant en plomb
qu'en fer et autres provenant de ladite pyramide, au profit
de qui il appartiendra. Le conseil général, pour donner
lieu à la vente ci-dessus dite, vous prie, Messieurs, de
donner vers l'assemblée de notre département un avis
tendant à autoriser ladite compagnie pour l'exécution de
cette vente et vous ferez justice.

Mêmes signatures que plus haut.

Procès-verbal du dimanche 4 novembre 1792.

L'an 1792, le 4 novembre, l'an 1er de la République
française, nous, citoyen maire et officiers municipaux,
procureur de la commune de la municipalité de Long,
assemblés au lieu des séances ordinaires, d'après publica-
tions préalablement faites, nous avons procédé à la vente
au plus offrant des matériaux provenant d'une pyramide
qui existait sur les terres du ci-devant seigneur de Long.
Lesdits matériaux consistant en plomb, fer et autres dont
la vente a été ordonnée aux citoyens officiers municipaux
de ladite commune par les citoyens administrateurs du
Directoire du district d'Abbeville, par écrit en date du
18 octobre dernier audit an et pour le plus grand avan-
tage de la nation, les Citoyens ont arrêté de diviser les
décombres en plusieurs lots dans la vue d'en tirer plus
de produits et, en effet, il a été conclu d'en faire huit lots
dont cinq en pierres et briques ordinaires et un autre lot
de pierre dure de Boulogne, et un autre de plomb et
enfin le dernier en fer, le tout provenant de la pyramide
dont s'agit; à la charge par les acquéreurs de payer le

montant des huit acquisitions ès-main du citoyen receveur du sequestre de l'arrondissement avant de faire l'enlèvement des matériaux dont ils se rendront adjudicataires, et enfin nous avons divisé les lots ainsi qu'il suit :

1° Consistant en un monceau de briques, mis à prix par Antoine Delplanque, trésorier de la commune, à six livres, et personne n'ayant voulu rien enchérir, ledit monceau a été enfin adjugé audit Delplanque pour le prix de six livres ;

2° Consistant en pierres, moellons, mis à prix par Antoine Plé à 12 liv. et par François Danten à 16 liv. et par Plé à 18 liv., et enfin personne n'ayant mis d'enchères, ledit lot a été enfin adjugé à Antoine Plé pour le prix de 18 liv. ;

3° Consistant comme le précédeut, mis à prix par François Danten à 12 liv. et par Isidore Trogneux à 14 liv., personne n'ayant voulu enchérir, il a été adjugé audit sieur Isidore Trogneux ;

4° Consistant comme dessus, mis à prix par Charles Dieu à 22 liv., et personne n'ayant dit plus, ledit lot a été adjugé audit Dieu ;

5° Consistant comme dessus, mis à prix par Honoré Moignet à 12 liv., et personne n'ayant voulu mettre d'enchères, ledit lot a été adjugé au sieur Moignet ;

6° Consistant en pierres de Boulogne, mis à prix par le citoyen Moreau à 50 liv., à 55 liv. par Pierre-François Joly et Pierre Joly à 57 liv., et enfin par Moreau à 60 liv., et personne n'ayant voulu enchérir, ledit lot a été adjugé audit Moreau.

7° Le 7e lot en plomb, mis à prix par le citoyen Cocu d'Abbeville à 500 liv., et par Nicolas Cormont, citoyen d'Abbeville, à 760 liv., et par Picot à 780 liv., et par

Barbier à 815 liv., et par le citoyen Picot à 820 liv., et personne n'ayant plus rien voulu dire, ledit plomb a été adjugé audit sieur Picot;

8º Le 8ᵉ lot consistant en fer, mis à prix par Louis Denis de Long à 100 liv., par Siffait à 110 liv., par Isidore Trogneux à 130 liv., par Siffait à 135 liv., par Honoré Moignet à 200 liv., et enfin par Auguste Cocu d'Abbeville, à 205 liv., et personne n'ayant voulu enchérir ledit lot de fer a été adjugé audit sieur Cocu.

Ainsi la présente adjudication montant à la somme de douze cent cinquante-sept livres.

Partant, nous avons clos, arrêté et rédigé le Présent Procès Verbal pour valoir ce que de raison.

Nous voyons encore à la date du 25 octobre 1793 qu'il est dit que, pour réparer le grand Pont, la commune fournira des briques en quantité suffisante provenant de la démolition de l'obélisque, à la charge par l'adjudicataire de les y transporter.

PYRAMIDE DE NIORT

D'après le dessin de celle du château de Long établie par le sculpteur
Pfaff

Nous signalons d'après le très intéressant travail de M. Van der Cruyssen (Niort, Clouzot, 1ʳᵉ édition, 1895), qu'une pyramide avait été aussi érigée à Niort, sous l'administration de M. Rouget de Gourcez, maire de Niort, en l'honneur du comte d'Artois, à l'occasion de son passage dans cette ville le 25 mai 1777. Lors de la première Révolution, on avait effacé les inscriptions royalistes qui la couvraient et l'on surmonta d'un bonnet phrygien la fleur de lis qui ornait le sommet. Les vieillards de Niort se rappellent encore avoir vu sur la place de la Brèche un tronc cubique, seul reste de cette colonne; cette pierre, abattue en 1846, servait de base à une poterne où se balançait le seul réverbère chargé d'éclairer cette immense place. M. Frappier, amateur d'estampes, eut la bonne fortune de se procurer un dessin représentant la pyramide de Niort; il fut plus heureux que nous, car, jusqu'alors, nous n'avons pu découvrir celui de la pyramide de Long. Celle de Niort avait 6 toises de hauteur (36 pieds); son soubassement était de 9 pieds sur 6 pieds de largeur sur chacune des faces; dans le bas, un groupe d'enfants formait sa décoration principale, l'un d'eux vomissait l'eau à pleine bouche, deux autres le soutenaient et lui portaient secours. En 1779, une borne milliaire, la 207ᵉ, tombait juste au milieu de la place de la Brèche à Niort. Le comte d'Artois, né en 1759, frère du roi Louis XVI, âgé de 22 ans, venait au mois de novembre 1779 d'être apanagé du comté du Poitou. Cet événement fit naître dans la pensée de M. Rouget de Gourcez l'idée de transformer cette borne milliaire en une colonne commémorative. Se trouvant à Paris en 1780, il eut l'occasion de voir le dessin d'un obélisque que le comté de Ponthieu venait de faire ériger à Long; il en fit faire une copie qui coûta à la ville 174 francs. Le 28 mai 1780, le comte d'Artois reçut M. de Gourcez, fut charmé du dessin et adressa le 29 mai 1780 une lettre au maire de Niort, agréant la présentation du dessin de cette pyramide. La ville de Niort voulut alors faire un monument d'utilité publique, tout en lui laissant le caractère votif et sa destination primitive de borne milliaire. A cette époque, l'eau potable était rare à Niort; l'on décida que la pyramide recevrait une pompe et desservirait un bassin public. La sculpture du groupe des enfants et celle des armoiries fut confiées à Drouard, artiste de Fontenay-le-Comte. La construction, malgré la date de 1779 inscrite en chiffres romains sur la pyramide, dut être entreprise pendant l'été de 1780, après le retour de Paris de M. de Gourcez. Le chiffre des dépenses pour cette pyramide s'éleva à la somme de 4,833 livres 1 sol. Le projet de cette pyramide fut donc établi sur celui de Lemoyne, sculpteur architecte du Roi, ancien pensionnaire à Rome, né en 1705, mort en 1778, qui avait dressé le dessin de la pyramide de Long. M. Léo Desaivre signale aussi à cette époque d'autres pyramides ou obélisques disparus, notamment à Fontenay-le-Comte et à la Rochelle. Dans le beau travail de M. Alcius Ledieu, archiviste et conservateur de la bibliothèque d'Abbeville, sur le maréchal de Mailly, nous trouvons encore une pyramide-obélisque sur la place de Port-Vendres, élevée en l'honneur de Louis XVI[1] en 1780. A cette époque, ce genre de monument était en grande vogue. A Abbeville, dans un compte rendu que nous avons donné dans le *Bulletin* n° 3, 1895, de la Société d'Émulation à l'occasion de fêtes données à Abbeville lors de la réception d'un portrait de Mgr le comte d'Artois, le 15 juillet 1787, on voit que le portrait de Mgr le comte d'Artois fut transporté sur un brancart sur lequel s'élevait une pyramide à quatre faces garnie de drap bleu parsemé de fleurs de lis.

Du sol à la pointe de la fleur de lis, la pyramide de Niort avait 34 pieds 5 pouces, se composait d'un dé de 9 pieds de hauteur, au-dessus un second dé de 3 pieds formant gorge utilisée pour l'inscription dont la teneur suivra. La fleur de lis avait 2 pieds 3 pouces de hauteur, dimension exagérée par la hauteur du monument, mais rachetée par l'élévation où elle se trouvait. Le dé d'en bas était creux et renfermait une pompe; une brimbale la mettait en mouvement. De ce côté, en haut, l'on voyait :

---

1. En reconnaissance de ce que Louis XVI avait affranchi des droits royaux tout le vin qu'on embarquait dans le port de cette ville.

1° Le blason surmonté d'une couronne de marquis, de Paul-Esprit-Marie de la Bourdonnaye et Timeur, comte de Blossac, conseiller du Roi en ses conseils, maître des requêtes honoraire de son hôtel, intendant de justice en la généralité de Poitiers ; il portait : *De gueules, à trois bourdons d'argent ;*

2° Les armoiries de la ville de Niort : *D'azur, semé de fleurs de lis d'or à une tour d'argent maçonnée de sable, crénelée de sept pièces, timbrée d'un casque à quatre panaches taré de front à neuf grilles.* L'écusson n'a pas pour supports les deux sauvages habituels qui, du reste, ne figurent pas sur tous les sceaux de la ville et qui n'ont été ajoutés qu'en 1664 lors des relations de nos chamoiseries avec le Canada ;

3° Les armoiries parlantes du maire, M. Rouget de Gourcez : *... au chevron de... accompagné de trois rougets, 2 et 1.* D'Hozier indique pour la même famille : *d'argent, à la fasce de sable chargée d'une molette d'or, accompagnée de trois roses de gueules, 2 en chef, 1 en pointe.*

Dans la gorge, on lisait :

> *La main de l'homme*
> *les érige*
> *mais c'est le cœur*
> *qui les consacre.*

Au-dessus du groupe des enfants, une inscription latine ; l'architecte Pinoteau était un dessinateur de mérite, mais il n'était pas latiniste ; la traduction littérale n'en est pas facile :

> *Hoc novum forum unde sublevata est*
> *egentis enopina et ex jussu dom dom Paul*
> *Esprit de la Bourdonnaye com. de Blossac*
> *marq. du Tymeur apud Pictonnes præfecti*
> *partem ære publico, partem oppidano*
> *construxtum ornatum*
> *fuit.*

Puis, vient le groupe d'un goût douteux : deux enfants nus en soutiennent un troisième vomissant l'eau à pleine bouche dans le bassin; ce dessin aurait été fourni par le peintre, M. Bernard d'Agescy.

Le côté du nord offrait quatre écussons : l'écusson de France avec un lambel; c'était celui du comte de Provence, le plus jeune des frères de Louis XIV, qui fut depuis Louis XVIII. A gauche, les armes du baron de Montmorency, commandant en chef pour l'Aunis, le Poitou et la Saintonge : *D'or, à la croix de gueules cantonnée de seize alérions d'azur.* A droite, l'écusson du marquis Voyer d'Argenson, commandant en second les mêmes provinces : Ecartelé aux premier et quatrième : *D'azur, à deux léopards d'or,* qui sont de Voyer; aux deuxième et troisième : *D'argent, à la fasce de sable,* qui est d'Argenson, et, sur le tout, le lion de saint Marc, par concession de la République de Venise.

Entre les deux et plus bas, un écusson portant *trois fasces de... et une bande de... brochant sur le tout.*

Nous n'avons pu lui trouver d'attribution, n'en connaissant pas les émaux.

Dans la gorge, une inscription latine :

Virtute militari provincia viget.

La partie de la pyramide qui regardait la rue des Piques n'avait qu'un écusson, celui du comte d'Artois. Il était *de France, componné de quatorze pièces de gueules, entourées de la Toison d'or de Bourgogne.*

Dessous, une inscription latine :

Sub umbra principis res publica crescit.

Dans la gorge, ces vers d'Horace (livre I, ode 36), allusion à l'heureux souvenir que devaient garder les peuples de cet hommage au seigneur de la contrée :

Cressa ne careat pulchra dies nota.

Sur le fût, l'inscription suivante :

Charles-Philippe de France, comte d'Artois, frère du Roy,
ayant au milieu des acclamations publiques, pris
possession de cette ville le 10 novembre 1779,
Mathieu Rouget de Gourcez, maire
Antoine-Étienne Piet-Breton, lieutenant de maire,
Claude-Louis-Arnauldet du Mairé } *échevins*
Charles-Noël du Piet-Pijouy }
Louis Barré de Chabans, procureur du Roy,
ont fait ériger ce monument pour perpétuer à jamais
ce jour d'allégresse.

Le quatrième côté montrait au sommet de la pyramide les armes de France : *D'azur, aux trois fleurs de lys d'or, timbrées de la couronne fermée.*

Dans le cartouche au-dessous :

Regnante Ludovico decimo sexto anno MDCCLXXIX.

Dans la gorge :

Serus in Cælum redeat, diu que lætus intersit populo.

La dernière face du socle était consacrée à l'énumération des bornes milliaires depuis Paris à Niort; le chiffre de 207 concorde bien avec les 410 kilomètres de nos jours. Le mille alors était de 1000 toises.

NOMBRE DE BORNES MILLIAIRES PARTANT DE PARIS :

Bernis	5	Blois	84
Lonjumeau	9	Amboise	104
Apsajon	16	Tours	119
Estampes	26	Mombazan	125
Toury	42	Sainte-Maure	136
Orléans	60	Les Armes	144
Baujency [1]	70	Châtellerau	154

1. Orthographe des noms de villes, telle qu'elle est gravée sur la pyramide.

Voir pour plus de détails *la place de la Brèche et la pyramide du comte d'Artois* par M. Van der Cruyssen (Niort, 1895, Clouzot, 22, rue Victor-Hugo).

Monseigneur d'Orléans de la Motte.

En 1741, *aliàs* 1742, l'abbaye de Valloires fut donnée à Mgr l'évêque d'Amiens, Louis-François-Gabriel d'Orléans de la Motte ; elle valait alors 14,000 livres ; il se démit aussitôt de son abbaye de Scellières, diocèse de Troyes, qui valait 1,800 livres. Louis-François-Gabriel d'Orléans de la Motte naquit à Carpentras le 13 janvier 1683, jour de saint Firmin, ce qui lui faisait dire dans la suite que le ciel à sa naissance lui avait donné pour patron celui dont il devait être le successeur. Son père fut Joseph d'Orléans de la Motte et sa mère Marthe-Ursule de Blégiers d'Antelon. Il fut nommé à l'évêché d'Amiens le 22 août 1733 ; il avait alors 50 ans. Louis XV signa sa nomination. *Le duc de Bourgogne, frère du Roi, lui disait qu'il était étonné qu'on eût attendu si longtemps pour le nommer évêque. C'est, Monseigneur, lui répondit Mgr de la Motte, que quand le Roi votre aïeul a une faute à faire, il la fait le plus tard qu'il peut.* Mgr de la Motte mourut à Amiens le 10 juin 1774 à cinq heures du soir âgé de 91 ans et 5 mois, ayant tenu l'épiscopat pendant 40 ans. Voici le libellé de son billet de faire part : Vous êtes invité d'assister au convoi, vigiles de défunt illustrisime et révérendissime père en Dieu Monseigneur Louis-François-Gabriel d'Orléans de la Motte, Evêque d'Amiens, qui se feront lundi treizième du présent mois de juin 1774 dans son église Cathédrale, ensuite à l'enterrement qui se fera dans le chœur de la dite église et le lendemain à la messe qui sera chantée à 10 h. 1/2 du matin. *Requiescat in pace. De Profundis.* Le convoi se mit en marche vers 2 heures de l'après-midi suivi d'une foule considérable. Hubert, graveur, fit en 1775 une belle gravure représentant Mgr de la Motte.

Lors de l'explosion du magasin à poudre à Abbeville en 1773, Mgr de la Motte vint consoler les malheureuses victimes de ce terrible accident; après avoir épuisé ses ressources pour leur procurer les premiers soulagements, il résolut de vendre ce qu'il avait de plus précieux dans sa chapelle : c'étaient des vases de vermeil servant au sacrifice, des ornements pontificaux richement brodés. Il les fit porter à Paris et exposer en vente. Madame Louise en fit l'acquisition et lui manda qu'elle l'avait faite à des conditions assez avantageuses pour vouloir que l'usage lui en restât toute sa vie. Mgr de la Motte sentit toute la délicatesse du procédé, ratifia la vente, sans vouloir souscrire à la condition qu'y mettait la généreuse princesse, en sorte que ces effets restèrent au couvent des Carmélites de Saint-Denis, où ils furent soigneusement conservés.

Ursulines, actuellement Établissement de Saint-Stanislas à Abbeville.

Il se trouvait anciennement dans l'église des Ursulines, placé vis-à-vis la grille du chœur, un tableau représentant sainte Ursule, percée d'une flèche, soutenue par des anges.

Les boiseries de l'autel de cette église figuraient en partie dans l'église du Saint-Sépulcre d'Abbeville en 1814. On en voit un dessin, plan projet, à la Bibliothèque d'Abbeville (album 21), sur lequel on trouve écrit : Je promets, moy Pierre Lecadieu, et m'engage de faire la sculpture du présent dessin à la mine de plomb, sans qu'il puisse y être ajouté autre chose, pour la somme de six cents livres. Fait à Abbeville, le 13 avril 1757, signé : Philippe Martin.

Un nouveau tabernacle fut bénit dans l'église des Ursulines le 19 octobre 1759 par Mgr l'évêque d'Amiens (manuscrit Boistel).

Lors de la Révolution, les prêtres réfractaires au serment célébraient la messe en l'église des Ursulines, ce qui amena un conflit, le 31 juillet 1791, dans lequel intervinrent le conseil municipal, la garde nationale et 25 hommes du 13e régiment de cavalerie.

En décembre 1792, le ci-devant monastère des Ursulines servait de magasin pour le compte de la commune. Une des cinq sections du comité de surveillance de la commune, celle portant le nom de la République, sect. A, tenait ses séances, en 1793, dans le local des ci-devant Ursulines.

En 1812, M. l'abbé Cauchy [1], qui fut par la suite doyen de la paroisse de Saint-Sépulcre d'Abbeville, bachelier en théologie, chanoine de la cathédrale d'Amiens, rétablit l'institution des dames Ursulines dans une maison située rue aux Pareurs, actuellement emplacement de l'hôtel de M. le comte de Hauteclocque. Le 15 novembre 1812, M. l'abbé Cauchy, délégué par Mgr Demandolx, alors évêque d'Amiens, bénit un oratoire dans cette maison dont Mademoiselle Noizeux, ancienne Ursuline, devint

1. M. l'abbé Cauchy fut arrêté pendant la Terreur, emprisonné à la conciergerie d'Amiens depuis le 6 octobre jusqu'au 9 novembre 1793.

supérieure. En souvenir de cette cérémonie, actuellement les dames Ursulines célèbrent, avec une grande solennité, la fête de la Dédicace des églises.

Vers 1818, M. l'abbé Cauchy, avec le concours de personnes pieuses, vint aider les Ursulines qui achetèrent, de M. d'Hantecourt, l'abbaye de Saint-Pierre, dont l'église, depuis 1815, servait de local pour les répétitions de la musique de la garde nationale.

L'église et le couvent avaient été rebâtis en 1770. Les travaux de l'église furent commencés le 21 juillet 1773, et, le 31 octobre 1777, fut célébrée la première messe. En 1778, les trois portes d'entrée du couvent furent démolies ainsi que les bâtiments qui les accompagnaient.

Le 22 novembre 1828, M. le doyen Cauchy vint à mourir et fut inhumé au cimetière de la chaussée du Bois, connu primitivement sous le nom de cimetière Ducrocq, du nom du premier mort qui y fut enterré le 7 mars 1795 (actuellement emplacement de la caserne d'infanterie). Les restes de M. l'abbé Cauchy furent exhumés et reposent maintenant devant le maître-autel du chœur de l'église des Ursulines (Place Saint-Pierre). Sur un carreau, on lit : *In spem resurrectionis*, L. V. C. en lettres entrelacées.

Les religieuses Ursulines furent reconnues par le gouvernement le 16 juin 1828 et furent alors cloîtrées.

Jacques Sellier

Jacques Sellier naquit en 1724 au village de Limeu, aux environs d'Abbeville, entre Huppy et Bailleul, servit comme grenadier de 1741 à 1748; de 1748 à 1750, il fut magister à Limeu. En 1758, il créa à Amiens une école de dessin dans un bâtiment attenant à la fontaine de

la rue Saint-Jacques; il mentionne qu'en 1773 le sculpteur
Pfaff fit pour les abbayes d'Ourscamp et de Cercamps
une vierge sortant du tombeau, aux Ursulines d'Abbeville
deux statues qui doivent exciter les regrets d'une ville
qui a fourni à la France tant de grands artistes, qui ayant
laissé échapper de son sein M. Pfaff, a le désagrément de
le voir se retirer dans une petite ville, à Saint-Riquier,
après avoir honoré la patrie de tant de chefs-d'œuvre et
s'être rendu digne de la capitale.

C'est à Sellier que l'on doit, à Amiens, la première
exposition des beaux-arts du 24 novembre au 25 décembre 1782, dans les salons de l'Hôtel de Ville. Pfaff y
exposa une Vénus sortant de l'onde; le peintre Choquet,
d'Abbeville, le danger des romans et un portrait; le
peintre Platel, le portrait d'un cordelier et celui du
graveur Bourgeois, que l'on confond avec le graveur
peintre en miniature Charles-Guillaume-Alexandre Bourgeois, dont le frère était en 1792 curé de la paroisse du
Mesge, canton de Picquigny (Somme); le sculpteur
Parmentier, les graveurs Macret et Tirmont, Guibet aîné
y figurent également.

En 1784 eut lieu à Amiens une seconde exposition
dont on ne possède que ces quelques lignes :

> Pour la seconde fois va s'ouvrir au Musée,
> Dont l'équitable renommée
> Publia les premiers travaux
> Des Choquet, des Thuillier l'on vante les principaux.
> Graincourt, par son burin, fidèle à la patrie,
> Rendit la vie à nos héros
> Et Pfaff sculpta Vénus sortant des eaux,
> Paris avait déjà couronné la déesse
> Du myrthe le plus éclatant.
> Etc., etc., etc.

Jacques Sellier était membre résidant de l'Académie
d'Amiens et d'un grand nombre d'autres académies.

Instruit des nombreux et utiles articles de Sellier par un décret signé le 10 mars 1807 au camp d'Osterode, en Pologne, l'empereur Napoléon lui accorda une pension de mille francs. Sellier mourut à Amiens, rue Saint-Merry, n° 33, le 20 novembre 1808, âgé de 84 ans et fut inhumé au cimetière de Saint-Roch. (V. *Bulletin de la Société des Antiquaires de Picardie*, tome XII.)

Chapitre de Sainte-Anne.

Deux chapitres existaient en Bavière, l'un fondé en 1784 à Munich par l'électrice Marie-Anne-Sophie, épouse de Maximilien IV, l'autre fondé en 1814 par la comtesse Anne-Marie de Dernback à Würtzbourg. Ces deux chapitres se sont fusionnés à Munich après 1814 avec succursale à Würtzbourg. L'abbesse est de maison royale, le chapitre se compose de 37 chanoinesses de 1re classe et de 62 de 2e; chaque chanoinesse de 1re classe jouit d'une prébende de 800 florins, celles de 2e de 400 florins; un tiers de ces prébendes a été réservé par le roi Maximilien-Joseph pour les filles d'officiers. Le but de l'institution est l'adoration de Dieu et l'enseignement de toutes les vertus, sciences spirituelles et nobles. Pour être admis, il faut appartenir à la religion catholique, être âgée de 12 à 16 ans, faire preuve de 16 quartiers de noblesse. — Le chapitre est assujetti à la vie commune dirigé par une doyenne et à un office de chœur. Les nominations sont soumises à l'approbation du Roi. Le mariage fait perdre la jouissance de la prébende, qui devient disponible pour une nouvelle aspirante.

Les chanoinesses portent une robe noire, manteau de velours noir à capuchon bordé d'hermine pour la doyenne et la décoration de l'ordre. Cette décoration est une croix en or à quatre branches épatées, anglée d'un coin émaillé de blanc. Sur chaque branche est incrustée une branche de plus petite dimension en émail blanc ; l'espace compris entre la plus petite branche et le bord extérieur de la grande est émaillé de blanc azuré pour les chanoinesses de Munich et de rouge pour les chanoinesses de Würtz-bourg ; le médaillon du centre de la croix représente l'image de Sainte-Anne sur émail bleu azuré ; les branches de la croix portent la devise : *subtuum presidium*. Le ruban est bleu d'azur, moiré liseré de blanc et de jaune pour le chapitre de Munich, et lie de vin moiré liseré de blanc pour la succursale de Würtzbourg.

Ordre de Thérèze.

Le 12 octobre 1827, la reine de Bavière, Thérèze, avec l'approbation du Roi, institua un ordre destiné à procurer à un certain nombre de jeunes filles nobles sans fortune une distinction honorifique et une rente de 300 florins. Le nombre était fixé à 12 ; elles devaient être choisies parmi les jeunes filles nobles de Bavière, nées de mariages légitimes, dont les revenus de leur fortune privée ne dépassaient pas 250 florins. — La rente aux membres de l'ordre s'éteint par le mariage ; la Reine est grande maî-tresse de l'ordre ; elle nomme à mesure des vacances avec sanction du Roi.

L'ordre comprend des membres honoraires dont le choix peut se porter sur des personnes de nationalité étrangère réunissant les conditions des statuts.

Le bijou distinctif de l'ordre consiste en une croix d'or à 4 branches et à 8 pointes en forme de queue d'hiron-delle ; sur chaque branche et de même forme se trouve encadrée une branche plus petite en émail bleu d'azur ;

l'espace qui la sépare des bords extérieurs est rempli par
l'émail blanc ; dans chaque angle posant sur les branches
par les pointes en diagonale ont été placées 4 losanges
divisés en 4 quartiers en damiers mi-émail blanc, mi-
émail bleu, médaillon du centre en émail blanc chargé
d'un T, initiale de la fondatrice, circonscrit dans un
anneau d'émail blanc chargé de feuilles de trèfle. Le
revers du médaillon porte sur émail blanc, 1827, entouré
sur un anneau en émail blanc de la devise de l'ordre. La
croix est reliée par un anneau à l'intérieur de la couronne
royale, surmontée elle-même de l'anneau servant de
passant au ruban. Le ruban est blanc moiré, bordé par
deux liserés bleu d'azur. Cette décoration est portée sur
le sein gauche et, dans les grandes occasions, en sautoir.

Voir d'Amade, 1873.

5 septembre 1756. — Cérémonie de la consécration de l'église de l'abbaye de
Valloires par les évêques d'Amiens, de Boulogne et de Saint-Omer [1].

Mgr l'évêque d'Amiens et abbé de ladite abbaye y
arriva le samedi 4 septembre à l'heure de midi, venant
de Montreuil, où il avait été bénir et poser la première
pierre de la nouvelle église de l'abbaye de Sainte-Austre-
berthe. Au sortir du dîner, il visita l'église pour voir si
tout était bien préparé. Sur le soir, les évêques de Boulogne et de Saint-Omer y arrivèrent ; on fit pendant le
souper une décharge de douze canons. Le lendemain
dimanche 5 septembre, jour de la consécration, dès quatre
heures du matin, il y eut des messes, tant des prêtres de
la suite, des évêques, que d'autres conviés à cette cérémonie. Sur les huit heures et demie, les trois évêques
s'étant rendus en la sacristie, se revêtirent de leurs

1. Manuscrits Siffait, tome III.

habits pontificaux et les deux archidiacres d'Amiens en
tunique, la procession en sortit ainsi : la croix des aco-
lytes, les religieux du couvent, les prêtres conviés en
surplis, duquel nombre étaient les aumôniers et secrétaires
des évêques, M. le doyen de Montreuil portant la crosse
de l'évêque d'Amiens, MM. les chantres et trésoriers de
Saint-Wlfran, les deux archidiacres d'Amiens en tunique,
les trois évêques en chape, mitre ; la pluie qui avait commencé le matin et qui n'avait point cessé fut cause que
l'on ne put faire la cérémonie à la grande porte de l'église
en dehors, comme elle se fait en pareil cas, mais elle se
fit à la porte de l'église qui est près de la sacristie et aux
environs qui est à sec. Monseigneur d'Amiens officiant
commença par dire quelques oraisons à voix basse précé-
dées de *flectamus genua,* ensuite on chanta *asperges* à haute
voix, et les psaumes *miserere* à voix basse pendant lequel
Mgr d'Amiens jeta de l'eau bénite avec une tasse et de
l'hyssope sur cette partie de l'église en dehors qui se
trouvait à sec, ce qu'il fit par trois différentes fois, puis
on récita les antiennes, litanies des saints à voix basse.
Le dernier *te rogamus* fut chanté par Mgr d'Amiens officiant avec les oraisons, puis il frappa par trois fois à la
porte de l'église avec sa crosse disant : *attolite portas* et fut
répondu comme il se fait le dimanche des Rameaux ;
ayant dit quelques prières à voix basse, il le répéta encore
une deuxième et troisième fois, de même avec sa crosse,
puis étant entré dans l'église en procession et étant placé
à genoux dans le sanctuaire, on chanta à voix haute
l'hymne *Veni creator* et plusieurs *oremus.* Monseigneur
ensuite se plaça sur un fauteuil ayant à ses côtés, mais un
peu derrière, les deux archidiacres assis sur des tabourets
et les deux autres évêques aussi assis sur des fauteuils, en
même ligne que Monseigneur d'Amiens, celui de Boulogne à sa droite et celui de Saint-Omer à sa gauche.

Mgr d'Amiens dit à haute voix, mais peu élevé, *Deus in adjutorium meum intende;* on y répondit du même ton ; il le répéta encore une fois d'une voix plus élevée, puis une troisième fois d'une voix encore plus élevée, puis on dit quelques psaumes à voix basse et l'on chanta quelques antiennes à voix haute, pendant lesquelles Mgr d'Amiens fit trois fois le tour de l'église en dedans et jeta de l'eau bénite sur la muraille avec son bouquet d'hyssope, étant précédé de la croix, de ses prêtres, de ses deux archidiacres tenant les bords de sa chape ; puis étant revenu en sa place, près les deux autres évêques, on récita quelques prières à voix basse, ensuite Mgr d'Amiens fut dans la nef vers la grande porte ; on avait fait sur le pavé une croix de saint André de cendres bénites de la largeur de huit pouces qui s'étendait depuis la grande porte jusqu'à la grille du chœur ; là, à gauche en entrant, il commença à écrire toutes les lettres de l'alphabet A, B, C, D, en grandes lettres moulées avec le bas de sa crosse et continua jusqu'à la grille ; il fut ensuite vers la porte du côté droit et continua à écrire les lettres qui lui restaient à faire sur l'autre traverse de ladite croix, de sorte que, quand il fut au bout près de la grille, les dernières lettres furent V, X, Y, Z ; de là, il alla marquer quelque chose avec sa crosse à la porte de la sacristie, puis les trois évêques étant montés en haut du grand autel, ils firent la consécration des quatre pierres de marbre qui servent à poser le calice quand on dit la messe. L'évêque d'Amiens ayant celle du grand autel avec celle de la sainte Vierge, les deux autres évêques chacun une, en disant sur chaque pierre quinze oraisons. Pendant qu'ils étaient à l'autel, il y avait un clerc tonsuré qui encensait l'autel en tournant à l'entour. Puis, on apporta un plat plein de morceaux de pain et un autre où il y avait de l'étoupe, c'était pour arranger les saintes huiles dont lesdites pierres étaient ointes; puis, les évêques ayant lavé leurs mains furent se mettre en leur siège au milieu du sanctuaire pendant que les ouvriers placèrent les pierres consacrées chacune à leur autel. Puis, Mgr d'Amiens s'étant levé fit la consécration des quatre croix de Dieu qui sont à la muraille du sanctuaire et commença par la plus proche de l'autel, du côté de l'épitre, et finit par la plus proche de l'autel du côté de l'évangile, il le fit ainsi.

On avait fait un escalier de bois blanc portatif sur lequel on pouvait monter à trois de front. Mgr y étant monté avec les deux archidiacres qui tenaient le bord de sa chape et ayant sa mitre, il imprima avec le pouce les huiles sacrées en forme de croix au milieu de celles qui étaient peintes à la muraille en disant une oraison, puis il donna la bénédiction et l'ensença par trois fois et en descendit, puis son aumônier essuya ladite croix avec de l'étoupe. Ensuite Mgr fut au grand autel et il essuya avec le pain et l'étoupe ses doigts, et, après les avoir lavés, il s'assit ainsi que les deux archidiacres, puis les deux autres évêques se levèrent et allèrent faire la même consécration dans la nef et en même temps y ayant deux escaliers portatifs, ils ont commencé par celui le plus près de la grille, Mgr de Boulogne ayant le côté de l'épitre et Mgr de Saint-Omer celui de l'évangile; leurs chapes étaient tenues par deux prêtres en surplis; pendant ce temps le chœur chantait le plain-chant. Ensuite les deux évêques s'étant assis en leur siège, Mgr d'Amiens fut en la sacristie et prit les reliques qui étaient exposées et les apporta au grand autel étant sous un dais porté par quatre moines, puis ayant mis quantité de lumières sur le grand autel, les trois évêques étant à genoux, au bas on chanta le verset du graduel qui se dit le jour de la Pentecôte, *Veni Sancti Spiritus*. Ensuite les trois évêques s'étant rendus dans la sacristie (pendant ce temps-là les orgues jouaient

alternativement avec les trompettes) se revêtirent de cha-
subles et entrèrent ensemble dans l'église leurs mitres sur
leurs têtes et la crosse à la main et occupèrent les trois
autels du sanctuaire, savoir le grand autel par l'évêque
d'Amiens, celui du côté de l'épitre par l'évêque de Boulogne, celui du côté de l'évangile par l'évêque de Saint-
Omer ; ils commencèrent leur messe basse en même
temps ; quelques moments après, le prieur dudit couvent
commença aussi sa messe à l'autel derrière le grand autel.
L'évêque d'Amiens, après sa communion, déposa l'hostie
sacramentale et le saint ciboire dans le tabernacle ;
l'évêque de Boulogne fut celui qui finit le plus tôt la
messe ; ils donnèrent la bénédiction pastorale ayant la
mitre et la crosse et à voix basse, mais l'évêque d'Amiens
le fit à voix haute ; ce fut la fin de la cérémonie.

Il y avait des notables outre que ceux ci-dessus : les
abbés de Clairmarais, de Saint-Sauveur, de Saint-André,
mais non en habits de cérémonie, M. Duval, curé de
Saint-Georges, d'Abbeville et doyen. On avait fait venir
les trompettes de la garnison de Montreuil et de Nampont ;
ils étaient dans la chapelle Saint-Martin non encore
décorée et jouaient des fanfares dans les intervalles pendant
lesquels on ne chantait pas. Le lutrin était conduit par
M. de Maison, chantre de Saint-Wlfran en surplis ; il y
avait aussi en surplis le trésorier de Saint-Wlfran et
quelques autres prêtres et religieux, M. Lefèvre de Houdent.
Il était onze heures et demie quand les messes furent
dites.

Ensuite, il y eut un grand dîner à une table en fer à
cheval où il y eut quatre-vingts couverts ; de temps en
temps, les trompettes jouaient des fanfares et, lorsque l'on
fut au dessert, on fit deux décharges de canon comme on
avait fait pendant la cérémonie du matin. On tient que,
compris les domestiques et les peuples d'alentour, il y

eut trois cents bouches à dîner; à la suite du repas, on dit les vêpres qui furent chantées par les religieux; nos seigneurs les évêques y assistèrent. A l'issue du *Magnificat*, il y eut un sermon par M. de Brandt, grand vicaire d'Amiens qui fut du respect que l'on doit avoir dans l'église. Ensuite Mgr d'Amiens exposa le Saint Sacrement, ayant sa chape, on chanta *Ave verum* et le *Te Deum*, ensuite il donna la bénédiction. Le soir, l'évêque de Saint-Omer mit le feu à un bûcher qui avait ét préparé devant le grand appartement sur le jardin, ensuite il y eut des illuminations; on tira encore le canon. Le lendemain, on fit un procès-verbal de cette cérémonie qui fut signé de tous les notables; puis on en grava un pareil sur cuivre qui fut attaché à la muraille de la nef de l'église.

L'an 1226, l'ancienne église avait éte consacrée le 25 octobre, alors les religieux quittèrent leur demeure de Balances pour habiter celle de Valloires, qu'ils occupent aujourd'hui.

La bénédiction de la première pierre de l'église actuelle fut donnée le jour de l'Assomption 1741 par Mgr de la Motte.

Voici la traduction de l'inscription latine qui se trouve encore actuellement gravée sur cuivre en l'église de Valloires :

L'an dix-sept cent cinquante-six de l'ère du salut, le 5e jour de septembre, Benoist XIV étant souverain Pontife, François Ier étant empereur; Louis XV le bien aimé régnant heureusement, ont dédié et consacré ce nouveau sanctuaire d'un commun accord, sous l'invocation de la bienheureuse Vierge Marie et de saint Martin le Confesseur, les très illustres prélats Louis-Gabriel-François de la la Motte d'Orléans; Joseph de Perssy et François-Jean Montlouet, évêques d'Amiens, de Boulogne, de Saint-Omer, qui ont signé à leur tour ce parchemin authentique avec les soussignés du comté et témoins ainsi qu'il suit : J. la Guette, abbé de Clairmarais; J. Cholier, abbé de Dammartin, F. Crépin, abbé de Saint-André-aux-Bois; de Pranville, prieur de Saint-Georges, de l'ordre de Saint-Benoit; Delefarge, chanoine de Saint-Omer; Toullet de Maison, chantre et chanoine de Saint-Wlfran; Clément, chapelain de l'église des Morins de Boulogne et secrétaire de l'illustre évêque de Boulogne; Hacot, curé de l'église Saint-Firmin de Montreuil; Duval, curé de Saint-Georges et doyen de chrétienté d'Abbeville; D. Hiermont, chanoine de Lillers; Louis Roque du Gard; de Brandt, abbé de Saint-Acheul, vicaire général d'Amiens; Graux, vicaire général de Saint-Omer, de Modène, archidiacre, chanoine et vicaire général d'Amiens; Hacot, doyen de l'église de Montreuil; F. Carton, de Longvilliers; Caron, chanoine de l'église de Saint-Firmin d'Amiens; Hourdel, chapelain de Centule; Ninoux, prieur et curé de l'Epine; Guillemin, prieur du Gard; Gaudrillet, prieur de Long-villiers; Hénard, de Clairmarais; Marray de Roullat, brigadier des armées du Roi, lieutenant-colonel commandant le régiment de cavalerie de Lennoncourt; Fr. Antoine-Bernard Commeau, prieur de Valloires, vicaire général de l'ordre de Cîteaux en Picardie; Joseph Midau, sous-prieur; Fr. Louis Baudoin, senior; Fr. Antoine-Claude des Fourneaux, procureur; Fr. Pierre-Albert Robert, curé; Fr. Pierre-François Delacroix, sous-célerier; Fr. Augustin de Mallet, receveur; Fr. Jean-Baptiste Dubois, sacristain; Fr. Charles Lenglard, grainetier; Fr. Morelet; Fr. Morelet le jeune; Maurice, chanoine de Saint-Nicolas d'Amiens; Jacques Stallin, prosecrétaire; Simon Pfaff, sculpteur.

Les faux Assignats.

Paris, le 12 décembre 1896.

MONSIEUR,

Vous avez pensé que le plus proche parent des Pfaffen-hoffen devait aujourd'hui, comme il l'avait indiqué dans sa courte biographie du comte François-Simon, retracer brièvement l'épisode historique des faux assignats. Je ne puis qu'être flatté de votre gracieuse instance à faire de moi votre collaborateur. Il me sera permis cependant de déclarer que le rôle prêté par François-Simon de Pfaffen-hoffen aux acteurs de cette affaire résulte principalement des appréciations et documents émanant de lui. Je ne pourrai donc que reproduire son récit, ayant été dans l'impossibilité de le contrôler par des documents contra-dictoires. Cette vérification eût peut-être été désirable à raison des exagérations évidentes du partisan déçu dans ses espérances comme du plaideur aigri par la lutte. Sous ces réserves, je vais simplement laisser la parole au comte de Pfaffenhoffen lui-même, après avoir rassemblé d'un côté et d'autre les fragments de son propre récit qu'il commence ainsi par une invocation à la vérité et à la pitié dans des termes qui sont bien de leur époque.

Puissé-je, dans cet humble et rapide exposé où mon seul but est de me justifier des poursuites judiciaires que je suis réduit à employer contre mon royal débiteur (Charles X) parvenir à faire taire mes trop justes douleurs pour ne laisser parler que les faits, sans m'écarter des égards respectueux que je veux conserver pour le prince infortuné qui m'oblige à le poursuivre! Pourquoi faut-il que, malgré les pertes que la Révolution m'a fait éprouver, riche de plus de soixante mille francs de rente à l'époque de la Restauration, une dette des princes Louis-Stanislas-Xavier et Charles-Philippe de France, devenus rois sous les titres de Louis XVIII et Charles X, soit venue m'atteindre après leur restauration sur mes propriétés domaniales au milieu de l'Autriche, et qu'après m'avoir laissé exproprier de mes biens et réduit au point de n'avoir plus d'asile où mettre ma tête octogénaire, je sois condamné à réclamer de la justice des tribunaux de France et d'Écosse son paiement et l'exécution des engagements que Louis XVIII avait pris pour me la payer? Ces engagements remplis pendant la vie de ce monarque devaient être continués après sa mort. Mais ils ont cessé de l'être sous le règne de Charles X, codébiteur solidaire qui ne m'a rien fait payer malgré mes besoins, mes instances, le respect dû aux dispositions du Roi son frère, et les promesses que lui-même m'avait faites de sa bouche le 29 décembre 1824. O monarque infortuné! O le plus infortuné des monarques! Dépouillé de la majesté du trône, veut-on donc le dépouiller encore de la majesté du malheur? Veut-on le priver du repos de la conscience, lui enlever ce qui a consolé Saint-Louis, Jean le Bon et François Premier dans leurs revers?

Me faudra-t-il remémorer mes efforts secondés par le Roi de France, l'Électeur de Trèves, l'Électeur Bavaro-Palatin, les trois Princes de Bourbon-Condé et les deux Nonces Pacca et Busca, pour aider mon frère dans ses tentatives avec le baron de Batz pour arracher la famille royale de sa prison du Temple?

Rappellerai-je ici à Charles X lui-même mes voyages dans diverses parties de l'Allemagne, à Rome et en Hollande, muni de ses propres lettres : là, pour obtenir du pape Pie VI l'initiative de la reconnaissance de la Régence de France dans la personne de Monsieur; ici, pour négocier avec les différentes synagogues quelques emprunts en faveur des princes; partout pour la cause royale.

Lui rappellerai-je encore mes voyages en France sous le Directoire, sous le Consulat et sous l'Empire pour y sonder l'esprit public, les dispositions et les moyens des légitimistes ?

Lui redirai-je les prisons que j'ai subies à l'Abbaye, à Sainte-Pélagie et à Vincennes, où j'ai été en danger de ma vie comme suspect de complicité avec le duc d'En-ghien? Ces faits ont été et sont restés notoires. Les papiers publics de ces époques en ont révélé plusieurs. Diverses correspondances, celle même des princes, que je possède encore, en font foi. Tout a été à mes dépens, à mes risques et périls, et toujours sans aucun rembourse-ment, et des papiers concernant ma fortune qui m'ont été enlevés lors de ma dernière prison, m'ont occasionné une perte de plus de trois cent mille francs, dont les cartons de la police donnent la preuve.

Et on a osé, dans les défenses de Charles X à Édim-burg, articuler que, dénué de fortune autre que ma prébende, je ne m'étais dévoué à la cause royale que dans l'espoir d'être récompensé à la Restauration? Si j'ai pu concevoir cette espérance, combien n'a-t-elle pas été déçue, quand c'est dans l'ingratitude et dans la calomnie que Charles X me fait trouver cette récompense.

O vous ! Royalistes par sentiments et par principes, vous qui, comme moi, après avoir tout sacrifié à la cause des Rois, n'avez plus trouvé de moyens d'existence que dans les secours du peu d'amis qui vous sont restés, après que les secours que vous avez reçus de Louis XVIII vous ont été refusés par Charles X ! Apprenez par moi la vérité du texte sacré qui semble nous avoir particulièrement désigné notre Royal ingrat : « *Nolite confidere in principibus, quia nulla fides in eis.* » Voici les faits : En 1791, j'avais établi, à mes frais, sur la frontière entremêlée du pays de Liège et de la France, des gardes qui, placés par échelons, recueillaient les émigrés et se les transmettaient de l'un à l'autre pour les préserver du danger qu'ils couraient à s'échapper de France à travers les routes inconnues d'un pays entrecoupé. Par cette mesure, j'ai eu le bonheur de sauver une foule de Français qui autrement auraient pu difficilement éviter les embûches qui leur étaient dressées dans ces chemins tortueux et se soustraire aux peines révolutionnaires prononcées contre les émigrants. Mon zèle était connu. Chacun s'adressait à moi. Quand, en 1792, les princes virent l'impuissance de leurs efforts pour préparer dans la Belgique des quartiers de Français qu'ils cherchaient à réunir sous leurs drapeaux et qui, forcés d'en partir, se trouvaient sans asile, c'est à moi que Leurs Altesses Royales daignèrent avoir recours pour leur procurer des établissements dans le pays de Liège où mon rang, mon caractère, l'amitié du Prince-Evêque, me donnaient quelque crédit. Elles m'adressèrent à ce sujet un mandat général de la teneur suivante :

« Leurs Altesses Royales, Monsieur et Monseigneur comte d'Artois, frères du Roi de France, connaissant les dispositions amicales de Monsieur le Prince-Évêque de Liège, notre cousin, et espérant de ses favorables intentions pour la cause du Roi, notre frère, et les gentilhommes français émigrés qui étaient dans les Pays-Bas et que les circonstances ont obligés d'en partir :

« En conséquence, LL. AA. RR., Monsieur et Monseigneur comte d'Artois autorisent par les présentes Monsieur le comte de Pfaff de Pfaffenhoffen, chanoine tréfoncier de Liège, d'employer ses soins auprès de Monsieur le Prince-Évêque de Liège, notre cousin, pour obtenir des quartiers dans les terres de sa domination pour les gentilshommes émigrés.

« A Coblentz, le 20 avril 1792.

« Louis-Stanislas-Xavier,

« Charles-Philippe. »

Seul, ayant à lutter contre la politique des puissances environnantes, mais aidé de la bienveillance du prince mon chef et mon ami, j'ai procuré à l'émigration des établissements où elle s'est formée sous la dénomination d'armée de Bourbon. Le 1er septembre 1792, le prince m'écrivit :

« La compagnie de Normandie à cheval se trouve surtout dans ce moment-ci dans une position très embarrassante. MM. d'Ecrameville et Le Doulcet m'en ont fait part; un emprunt de 15,000 livres pourrait les en tirer, à ce qu'ils m'ont assuré, et votre caution suffirait pour lever toutes les difficultés. Je n'en dirai pas davantage, Monsieur, parce que je sais que c'est un moyen de vous plaire que de vous présenter une occasion de faire quelque chose d'utile et d'agréable à la noblesse française.

» L.-H.-J. de Bourbon. »

Je ne me suis refusé à aucune avance que mes moyens m'ont permis de faire. Je n'ai pas épargné davantage mon crédit ni mon influence sur les divers fournisseurs. Rien ne m'a été remboursé et je ne réclame rien de ce chef.

Mais, pendant la marche de l'armée de Bourbon pour se réunir à celle des Français sous Thionville, un événement fâcheux, sur lequel je m'étais fait un devoir de garder la plus respectueuse discrétion de laquelle Louis XVIII a daigné me savoir gré, a mis une partie notable de l'armée de Bourbon, l'honneur personnel et jusqu'à la probité des princes mes commettants dans le plus grand danger. J'ai beau interroger les quatre-vingt-deux ans qui pèsent sur ma tête et dont plus de la moitié a été consacrée à la cause de la Légitimité. Je n'y trouve pas un seul jour dont je ne puisse m'honorer et dire qu'à pareille date j'ai servi le Royalisme. Profondément pénétré des principes de la Légitimité, je porte gravé au fond de mon cœur les mots : « *Nec sunt detegenda paterna nec regia verenda.* » Il me répugnait de révéler une dette que ce Monarque appelait « pudibonde ». Le duc de Richelieu, le maréchal de Lauriston, le duc Mathieu de Montmorency, le duc de Doudeauville avaient partagé mes sentiments, applaudi à mes réticences et rempli envers moi les intentions du roi Louis XVIII. Les hommes élevés par Charles X à la pairie comme d'autres à la pourpre n'ont pas eu la même retenue. M. de Villèle, du haut de la Tribune nationale, comme pour être entendu de plus loin, a osé le premier prononcer les mots de fausse monnaie et de faux assignats fabriqués sur les bords du Rhin et de la Moselle par les Princes français en émigration. Que de changements depuis le temps où Charles X avait auprès de lui les maréchaux de Broglie, de Castries, les comtes de la Rozière et de la Chapelle, et mes amis les plus intimes, l'évêque d'Arras et le comte F. des Cars, dont je ne peux invoquer que les ombres, que le Roi aurait dû consulter avant l'époque de ses fatales ordonnances et avant de m'abreuver de tant d'outrages !

Voici en réalité ce qui s'était passé en 1792. C'était chez moi, par mon entremise, et sur mon crédit, que la plupart des marchés de fournitures du matériel de l'armée de Bourbon ont été conclus, payables partie en bons sur le Trésor des Princes, partie en assignations à différents termes.

L'un des moyens que le Conseil des Princes en émi-

gration crut pouvoir adopter, comme le plus efficace pour
combattre la Révolution, a été de faire fabriquer de faux
assignats pour être introduits en France dans le but d'y
déprécier les assignats fabriqués par le Gouvernement
d'alors et dont les révolutionnaires tiraient tant d'avan-
tages.

L'électeur de Trèves s'étant refusé à l'établissement de
cette fabrique de fausse monnaie dans ses états, les
Princes Français se sont adressés au vieux prince de
Neuwied qui n'a pas pu résister aux cajoleries qui lui
ont été prodiguées. Les fils de France qui traitaient tous
les rois de frères l'ont appelé « leur cousin et premier
allié ». Ils se sont reconnus personnellement, solidaire-
ment et au nom du Roi, leur frère, débiteurs envers lui
d'une dette du Gouvernement français sous Louis XV.
Ils se sont obligés à la lui faire payer à leur rentrée en
France. En effet, Louis XVIII et Charles X, sur le trône,
l'ont de nouveau reconnue comme leur propre dette et
comme dette de l'État. Mais Charles X s'est tellement
dispensé de la faire payer que son ministre de Villèle en
a fait un sujet de moquerie jusque dans les Chambres
françaises.

C'est donc chez le prince de Neuwied, leur cousin, leur
créancier et leur premier allié, que les Princes de France
ont établi leur fabrique de fausse monnaie. Le ministre
de France à Copenhague, M. Bigot de Sainte-Croix, ne
tarda pas à le savoir ; il en informa son Gouvernement,
qui en porta plainte au Gouvernement impérial par qui
le prince de Neuwied fut réprimandé avec injonction de
faire cesser au plus tôt cette infraction au droit des gens
et aux lois de la probité. Il s'empressa d'obéir ; et les
Princes français, obligés de retirer de Neuwied leurs
presses de faux assignats, les ont transportées aussi clan-
destinement que possible des bords du Rhin sur les rives

de la Moselle. C'est de là qu'avec la même clandestinité les produits de cette fabrique ont été introduits en France comme moyen contre-révolutionnaire. C'est aussi de là que, dans le vide de leurs caisses, les trésoriers-payeurs des Princes ne se sont pas fait de scupule d'employer cette fausse monnaie à l'acquit de leurs dettes chez l'étranger tant envers leurs hôtes qu'envers les fournisseurs de leurs trois corps d'armée dénommés l'armée des Princes, l'armée de Condé et l'armée de Bourbon.

Je ne crois pas devoir taire ici que le colonel anglais Sinclair, qui avait traité avec les Princes pour leur fournir un petit corps de troupes, a été remboursé de ses avances par ces faux assignats. Dans son exaspération, il prit à Londres un warrant contre le comte d'Artois. J'étais à Londres : indigné de cet attentat contre un fils de France, je parvins à exciter l'indignation de mes amis M. G. Rose, M. Sp. Perceval, M. Windham, lord Thurlon et autres qui se sont réunis à M. Pitt pour obtenir le bill qui a mis les émigrés à l'abri des rigueurs des lois britanniques pour toute dette contractée hors de l'Angleterre.

Aurai-je besoin de dire que la mission que j'ai reçue des Princes français dans le pays de Liège à l'égard des émigrés, je l'ai toute remplie à mes frais, sans qu'il m'en ait jamais été rien remboursé. Elle a rendu mes maisons de ville et de campagne le rendez-vous, l'asile, le refuge de toute l'émigration de tout rang, de tout âge, de tout sexe qui, par centaines, a trouvé chez moi le vivre et le couvert ainsi que le secours de ma bourse et de mon crédit au-delà de mes moyens et de la prudence.

Les actes du procès de Vienne, auquel je puis me référer, puisqu'ils sont irréfragables et que, signifiés deux fois par exploits judiciaires au royal adversaire sommé d'intervenir, il n'y a pas contredit, font foi :

« Que toutes les parties de l'habillement, de l'équipement, de l'armement et des munitions des compagnies d'émigrés qui ont obtenu des établissements au pays de Liège se sont complétées et que leurs paiements se sont faits partie au comptant et partie à crédit payables en France ou sur des assignations à courte échéance sur le trésor des Princes ou autrement.

« Que l'armée ainsi formée et pourvue de son matériel ayant le duc de Bourbon à sa tête s'est d'abord rassemblée à Huy, d'où elle s'est avancée vers le Luxembourg où, avant de se réunir à l'armée des Princes sous Thionville, elle s'est vue obligée de s'arrêter à Marche en Famine pour y attendre une partie de ses bagages et de ses munitions dont le convoi se trouvait arrêté lui-même devant Spa par une circonstance particulière.

« Que cette circonstance était que plusieurs des effets, traites ou autres obligations donnés en paiement à divers fournisseurs avaient été payés en assignats qui s'étaient trouvés faux et de fausse fabrique.

« Que la nouvelle s'en étant répandue dans le pays, l'alarme était devenue générale parmi les fournisseurs et que chacun était couru au remède, en jetant hauts cris.

« Que ce remède (le Chargé de pouvoirs des Princes et le Gouvernement de Liège lui-même se trouvant dénués du moyen de les secourir) avait été de faire saisir et arrêter d'autorité de justice locale le convoi d'une partie du matériel qui se trouvait encore sur le territoire liégeois.

« Que le duc de Bourbon, informé à Marche de cet événement, avait dépêché au chargé de pouvoirs des princes un officier de confiance pour lui recommander de gagner du temps auprès des fournisseurs et banquiers qui paraissaient à S. A. S. devoir être apaisés les premiers ; mais qu'à l'arrivée de cet officier, il n'était plus possible de calmer les esprits exaspérés qu'en leur donnant des garanties.

« Que, s'il était urgent que l'armée reçût cette portion de ses bagages, il ne l'était pas moins de faire cesser un scandale qui compromettait l'honneur ensemble et la probité des Princes que la malveillance accusait déjà d'avoir eux-mêmes fait fabriquer cette fausse monnaie.

« Que, dans la situation difficile où le Chargé de pouvoirs des Princes s'est alors trouvé, le conseiller-mayeur de Colson s'est interposé de tout son pouvoir pour calmer les fournisseurs les plus inquiets ; et que, tandis que le Prince de Liège lui-même paraît avoir eu la générosité d'apaiser plusieurs d'entre eux, particulièrement les banquiers, le mayeur de Colson, muni d'une obligation de 160,000 livres souscrite à son profit par le comte de Pfaffenhoffen et stipulée payable après la rentrée des Princes en France que l'on croyait alors prochaine, se chargea lui-même du paiement de plusieurs autres de la classe des fournisseurs. »

J'ai vu en effet le comte d'Artois en novembre 1792 remercier le mayeur de Colson au Val Lambert et à Saint-Laurent de Liège.

L'honneur des Princes était dès lors à couvert. Mais, après la retraite de Champagne, que serait-il arrivé à Leurs Altesses Royales si mon cautionnement de cette dette pudibonde n'avait pas précédé leur arrivée en désordre dans ce même pays de Liège, où leurs fournisseurs, dans l'exaspération d'avoir été trompés, les eûssent assaillis de leurs plaintes et attaqués en justice contre ces monceaux de fausse monnaie ?

Dénués de leur fidèle noblesse, après cette fatale déroute et son licenciement, simples individus à l'étranger désormais à la merci des lois des pays qu'ils allaient avoir à parcourir avant de trouver un asile, les Princes, arrêtés à

Aix-la-Chapelle, n'ont pu continuer leur route qu'après avoir été dégagés par la présence fortuite du comte de Romanzow qui, suivant mon exemple, se porta leur caution devant le Magistrat.

Je crois nécessaire de reproduire avec les documents à l'appui les détails de mon intervention en faveur des Princes. Par lettre du 16 septembre 1792, M. le duc de Bourbon m'avait écrit :

« J'ai appris avec peine l'histoire de ces faux assignats; c'est encore un tour de nos amis les patriotes. Mais, quoi qu'il en soit, cela tombera toujours sur le corps des pauvres émigrés. Ce sont toujours eux qui sont les auteurs de tout ce qui arrive de mal dans le monde. Je vous avoue, entre nous soit dit, que je vois du louche dans cette affaire de la part des banquiers. Cette espèce de gens ordinairement prend assez garde à ses affaires pour ne pas prendre des assignats sans bien les examiner avant, et sans prendre toutes les précautions nécessaires. Et puis, de dire que tous ces assignats sont faux, a l'air d'une affaire arrangée et concertée. Car, à moins d'avoir une manufacture d'assignats, il me paraît bien difficile qu'il ne s'en trouve pas de bons et de mauvais dans une aussi forte somme. Au reste, je crois qu'il faut laisser tomber cela, avoir l'air de les croire de fort honnêtes gens, gagner du temps jusqu'à ce que l'on soit en France, et alors tâcher de vérifier si leurs plaintes sont fondées. Mais je suis persuadé que l'on découvrira un dessous de cartes à cela. Il me paraît inutile pour le moment de rien faire mettre dans les gazettes sur cet article.

« L.-H.-J. de BOURBON. »

Mais, à l'arrivée de cette lettre, il était impossible de gagner du temps; le temps avait pris l'avance. Un convoi de bagages qui avait pris une route séparée de l'armée

était arrêté par autorité de justice. Une plainte était portée
en fabrication et en émission de faux assignats. Déjà,
quelques émeutes avaient eu lieu de la part des fournisseurs payés en fausse monnaie. Mon mandat général
n'eût peut-être pas suffi pour un cas ordinaire. Mais du
moins m'autorisait-il dans un cas aussi pressant à assumer
celui de *Negotiorum Gestor* en conséquence de l'article 1372
et autres du code civil. En vertu d'un quasi-contrat, le
plus urgent, le plus impérieux qui fût jamais, je me suis
hâté d'étouffer la plainte, le scandale et l'émeute, en me
rendant caution solidaire de mes augustes commettants
par l'obligation suivante :

« Je soussigné tant en ma qualité de chargé de l'autorisation et des pouvoirs de LL. AA. RR., Monsieur et
Monseigneur comte d'Artois dans le pays de Liège pour
tout ce qui concerne l'établissement des compagnies
d'émigrés composant aujourd'hui l'armée de S. A. S.
Monseigneur duc de Bourbon, qu'en mon propre et privé
nom, et en me rendant moi et mes biens présents et à
venir personnellement et réellement responsables pour
leurs dites Altesses Royales à l'effet des présentes;

« Ouï le rapport de Monsieur le comte de Selincourt au
nom de S. A. S. Monseigneur le duc de Bourbon de qui
il me remet une lettre du 16 du même mois ;

« Considérant la circonstance pénible où se trouve et
où peut se trouver davantage l'armée de S. A. S. par le
défaut d'armes, fournitures et bagages de toute espèce qui
demeurent saisis et arrêtés en vertu d'autorité de justice,
parce que les assignats que les trésoriers et payeurs de
l'armée ont dernièrement donnés en paiement de ces
divers objets d'une valeur de cent soixante mille livres
effectives se sont trouvés faux et de fausse fabrique ;

« Considérant l'impossibilité de suivre les intentions
que S. A. S. indique dans sa dite lettre et de gagner du

temps avec les fournisseurs alarmés et qui pour et avant de donner main-levée exigent de moi des sûretés réelles pour ladite somme de cent soixante mille livres ;

« Considérant que la bonne foi, l'honneur et la dignité des augustes princes qui m'ont honoré de leurs pouvoirs se trouveraient compromis si j'hésitais un moment à reconnaître et à déclarer que LL. AA. RR. et S. A. S. sont aussi étrangères que je le suis moi-même à cette livraison de fausse monnaie (manœuvre manifeste des révolutionnaires), et que les princes n'entendent pas que les fournisseurs de leurs armées ne soient pas pleinement satisfaits à tous égards ;

« Considérant enfin qu'en recevant comme je reçois et remettant comme je remets présentement à Monsieur le comte de Selincourt la main-levée qui m'a été accordée au moyen des présents desdites saisies et arrêts, je parviens à parer à tous les inconvénients existants et éventuels ;

« Déclare et reconnais par ces présentes, écrites et signées de ma main et scellées de mon sceau, avoir rendu LL. AA. RR. et me rendre moi-même personnellement et réellement débiteurs et responsables solidaires envers Monsieur le mayeur de Colson de ladite somme de cent soixante mille livres effectives pour sûreté plus ample de laquelle je lui remets en ce moment, afin de s'en aider dans les paiements que lui-même aurait à faire partiellement

$$
\text{quatre obligations séparées de} \left\{ \begin{array}{l} \text{60,000 livres} \\ \text{40,000 —} \\ \text{40,000 —} \\ \text{20,000 —} \end{array} \right.
$$

formant ensemble ladite somme de cent soixante mille livres, et ne faisant ensemble avec ces présentes qu'une seule et même obligation dont et desquelles le paiement tant en intérêts qu'en principal ne pourra toutefois être exigé qu'après la rentrée des Princes en France. Il est entendu que ces intérêts seront à demi pour cent par mois.

« Donné et délivré à Liège ce 20 septembre 1792.

« Le Comte de Pfaff de Pfaffenhoffen.

L. S.

« Et il est convenu qu'en tous cas, lors de l'échéance, je ne pourrai être forcé au paiement qu'après avoir notifié la demande à LL. AA. RR. et les avoir appelées en garantie.

« Comte de Pfaff. »

Et le même jour, le Juge suprême du pays de Liège a homologué cette obligation par l'ordonnance suivante :

« In fidem et ad robur prœmissorum vindiciarumque de quibus agitur, in addictionem Nos Petrus Ludovicus Josephus de Jacquet, Officialis Leodiensis, totius que patrœ Leodiensis, Comitatusque Lossensis Judex ordinarius, Provinciœ Prœses, etc., presentes hos per prosecratorium nostrum signari sigilloque officialitus muniri Jussimus. Datus Leodii hac vigesima septembris 1792.

« De Mondato reverendi D. Domini mei suprofoti.

« Pet. F. Brocard.

« Pro Secretarius.

« L. S. M. »

Je déclare que mon obligation a été écrite et scellée du cachet de mes armes dans le cabinet du secrétaire d'État, chevalier de Chestret, au palais du Prince de Liège, en présence du tréfoncier comte de Priton, du marquis de la Haye, agent des Princes français, du comte de Selincourt, agent du duc de Bourbon, de l'avocat de Warzée, du prélocuteur Deponthières et du conseiller de Colson, mayeur en Féauté (préfet de police), à qui elle a été remise aussitôt en échange des faux assignats qu'il avait retirés des mains des fournisseurs et de la main-levée de leurs saisies-arrêts que j'ai remises sur le champ au comte de Selincourt pour être portées au duc de Bourbon, tandis que je me suis empressé de brûler les faux assignats pour anéantir au plus tôt ce corps de délit trop honteux pour mes commettants.

La Restauration ayant, en 1814, ramené les Princes en France et leur retour ayant rendu mon obligation exigible, les héritiers de celui au profit de qui elle était souscrite se sont réunis pour en réclamer le paiement. Des diverses parties de l'Allemagne où ils se trouvaient épars, ils ont adressé leurs réclamations à plusieurs personnages de la Cour à qui leur père avait été utile dans leur émigration. Mais, n'en ayant reçu que des réponses évasives, ils se sont retournés vers moi comme caution solidaire de leurs augustes débiteurs. De mon côté, je me suis présenté à la commission de liquidation des dettes de LL. MM. chez l'étranger, créée par la loi du 21 décembre 1814. Mais, d'une part, la retenue respectueuse où j'étais convenu avec le duc de Richelieu de renfermer ma demande ne m'ayant pas permis d'en faire connaître les causes, et, d'autre part, n'ayant pas pu présenter à la Commission l'obligation restée entre les mains des héritiers de Colson qui se refusaient de se dessaisir de leur titre sans être payés, ma réclamation, dénuée de fondement, n'a pu être admise.

Le 7 octobre 1816, ces héritiers m'ont traduit devant le Tribunal impérial et royal des Nobles de la Basse-Autriche, séant à Vienne, où une instance était suivie. Par divers exploits des 27 juin et 3 juillet 1817 et autres itératifs du 17 avril 1818, les demandes des héritiers et mes défenses ont été humblement et respectueusement dénoncées à ma requête à S. M. Louis XVIII et à S. A. R. Monsieur, depuis S. M. Charles X, dans les formes de la loi, avec respectueuses instances et sommations d'intervenir dans le procès et d'y prendre fait et cause.

Le comte de Pradel, alors directeur général de la maison du Roi, et le duc de Richelieu, qui en avait le portefeuille, promirent d'intervenir et trouvèrent ensuite qu'il n'était pas de la dignité du Roi ni de l'héritier de la couronne de France de comparaître devant un tribunal étranger. Ils me laissèrent seul en but aux poursuites des porteurs de mon obligation, et, le 19 juin 1818, le Tribunal a rendu sa sentence exécutoire en quatorze jours de la teneur suivante, traduction du texte allemand.

« SENTENCE

« Dans la cause des demandeurs nommés en icelle. Docteur Resmini

« Contre

« M. le comte d'Empire de Pfaffenhoffen, défendeur. Docteur Haushamer.

« 19 juin 1818, n° 8115, signifié le 27 juin 1818.

PICHLER M. P.

« De par le Tribunal impérial et royal, provincial des Nobles en Basse-Autriche, et dans la cause entre Louis de Colson, Marie-Antoinette Logemon, et Joséphine-Françoise-Charlotte-Eléonore Rohne, toutes deux nées de Colson, demandeurs par leur avocat le Dr Resmini ; contre M. François-Simon, comte d'Empire de Pfaffenhoffen, défendeur par son avocat le Dr Haushamer,

« A l'effet d'imposer audit défendeur le paiement de 160 mille livres tournois avec les intérêts à 6 % dûs depuis le 20 septembre 1792, en vertu d'une obligation délivrée tant au nom de LL. AA. RR. Monsieur et comte d'Artois que, comme débiteur solidaire en date de Liège le 20 septembre 1792, ensemble avec le remboursement des frais judiciaires en conséquence des actes mis au rôle le 6 mai de l'année courante ;

« Il a été jugé que M. le défendeur François-Simon, comte d'Empire de Pfaffenhoffen est tenu de payer en quatorze jours sous peine d'exécution de 160 mille livres tournois, objet de la demande présentée le 7 octobre 1816, avec les intérêts 6 % depuis le 20 septembre 1792 en monnaie effective, toutefois contre la remise qui lui sera faite de son obligation dûment quittancée. Les frais réciproquement compensés.

« L. S. Joseph Aichen. M. P.

« De par le Tribunal impérial et royal, provincial des Nobles en Basse-Autriche.

« Vienne, le 19 juin 1818.

« L. S. Pichler. M. P. »

Les motifs de cette sentence portent ce qui suit : « Les frais judiciaires ont été compensés réciproquement parce que les demandeurs établissent eux-mêmes des circonstances de fait qui font voir évidemment que la dette dont il s'agit ne regarde pas proprement Monsieur le Défendeur, mais le Gouvernement actuel de France.

« Joseph Pichler. M. P.

« Directeur de l'expédition. »

Le total de la condamnation, les frais non compris, a formé la somme de 409,093 livres que j'ai payées le 4 septembre 1818 et qui m'ont coûté 28,000 francs de mes rentes au cours de 73.

Voilà l'origine et la nature de ma créance sur LL. MM. les rois Louis XVIII et Charles X. Voilà l'obligation dont Louis XVIII a réglé avec moi le remboursement par portions brisées annuelles de 50 mille francs qui devaient se continuer après sa mort jusqu'à solde finale, mais dont rien ne m'a été payé sous le règne de Charles X.

Mes droits avaient été reconnus cependant par lui depuis longtemps. Dès le mois d'avril 1795, M. l'évêque d'Arras me répondait en ces termes au nom du comte d'Artois :

« Je suis autorisé par Son Altesse Royale à vous marquer de sa part, Monsieur le Comte, que vous serez toujours entouré de son intérêt et de ses bons offices jusqu'à l'époque qui n'est peut-être pas éloignée où il sera au pouvoir des Augustes Chefs de notre nation de récompenser les bonnes et honorables actions. Ainsi, nous pouvons espérer encore que vous aurez les moyens d'effectuer des engagemens qui sont à la fois la preuve de votre discernement et les garans de votre dévouement aux personnes et intérêts de nos Princes ».

Je crois nécessaire d'observer ici que le duc de Bourbon, dont le nom se trouve si souvent répété dans tous les actes, et le prince de Liège étaient vivants tous les deux lorsque le procès de Vienne, mes réclamations à Paris à la Commission de 1814 devant les Chambres et aux divers Ministères et même le procès devant le Tribunal de première instance, tous actes publiés, ont eu lieu et répandus par tous les journaux ont rendu cette affaire connue de toute l'Europe. Non seulement aucun n'a réclamé, mais j'affirme que le duc de Bourbon m'a plusieurs fois témoigné son indignation du scandale d'une telle affaire qui dévoilait des actes de l'émigration qui devaient rester secrets et qui rendaient le roi Charle X si ingrat envers moi.

Le duc de Doudeauville, après avoir cessé sa carrière ministérielle, à l'époque où il pressentit les malheurs que le comte de Villèle préparait à son maître en lui arrachant l'ordonnance de dissolution de la Garde Nationale de Paris, me dit ces propres paroles : « Maintenant que, grâce à Dieu, je ne suis plus ministre, je puis vous confier combien j'ai eu à souffrir à votre sujet. J'ai été dix fois à cause de vous sur le point de donner ma démission, quand, sur une réclamation aussi respectable que la vôtre, j'avais obtenu du Roi que je lui apporte une ordonnance de paiement dans certaines règles par Louis XVIII, et que le lendemain j'arrivais et lui présentais l'ordonnance, M. de Villèle l'avait fait changer d'avis : c'eût été faire un pont pour d'autres, etc. Tant de promesses suivies de tant de refus dans une affaire aussi consciencieusement juste, dont l'honneur et la reconnaissance réclamaient l'acquittement, m'ont enfin décidé à envoyer ma démission. Mais j'ai cru devoir la communiquer à Madame de Doudeauville, qui me la fit jeter au feu. Et puis est arrivée la dissolution de la Garde, qui me la fit donner sans retour, et je m'en félicite tous les jours ».

Charles X me fait reprocher de n'avoir pas exigé lors du procès de Vienne la production des quittances des fournisseurs que le mayeur de Colson doit avoir payées en 1792 et qu'apparemment lors du pillage de sa maison il aurait dû emporter soigneusement avec lui dans le trouble de son émigration où, comme Loth et Énée, il avait à sauver sa famille et sa vie. De quel front aurais-je pu demander aux arrière-héritiers de Colson la représentation de ces actes qui leur étaient aussi étrangers qu'inconnus après un laps de quarante-trois ans, le mayeur de Colson et ses héritiers eux-mêmes étant morts ?

Ce ne sont plus les débris de ma fortune, c'est mon honneur que j'ai à défendre aujourd'hui contre le Prince à qui j'avais dévoué ma vie que lui-même a reconnu s'être illustrée à servir sa cause par de bonnes et honorables actions ! Dans la lutte que, pour le recouvrement d'une faible partie de mes biens employés tout entiers à son service, Charles X m'a déjà forcé de soutenir contre lui devant les tribunaux où il a succombé, j'ai voulu conserver des ménagements. Si, ayant perdu tous souvenirs de mon dévouement et tout ce qu'il me doit à tant de titres, mon royal débiteur oubliant encore ce qu'il se doit à lui-même, ce qu'il a été et d'où il est déchu se permet de diriger son accusation contre moi et me force à la repousser, comment pourrais-je contenir ma trop juste indignation et persister dans la retenue que jusqu'aujourd'hui je me suis fait une loi de conserver pour la majesté du trône même écroulé et pour la majesté de l'infortune, etc., etc. »

Ce serait abuser, Monsieur, que de continuer davantage et aussi de retracer les péripéties compliquées de la lutte administrative et judiciaire que soutint le rédacteur des notes qui viennent d'être réunies et reproduites textuellement ici. La seule conclusion que je veuille tirer de ce récit est que son auteur a eu une existence qui, si elle a prêté prise à la critique, n'est pas dénuée d'intérêt. Si telle est votre opinion sur ces lignes, Monsieur, je vous les abandonne, avec l'assurance de mes meilleurs sentiments.

R. Soleau.

Aux très honorables Membres
De la Chambre des Députés
Des départements de la France

Très humble pétition

De François-Simon comte de Pfaffenhoffen et du Saint-Empire Romain,
membre des États nobles de la Basse-Autriche ; chevalier d'honneur
de l'ordre souverain de Saint-Jean de Jérusalem, ancien Tréfoncier
de Liège ; prince administrateur de Stavelot et Malmédy, etc.

Messieurs,

Né parmi vous, mais étranger, fils d'un père étranger ;
mais français, aussi français que les plus français d'entre
vous, par les sentiments qui depuis soixante-dix ans (sans
manquer à mes devoirs envers mon souverain et à ma
patrie) m'ont constamment attaché et m'attacheront
jusqu'à la mort à ce sol où j'ai reçu la naissance et à
l'auguste maison qui la gouvernait alors et qui la gou-
verne encore. Créancier légitime et reconnu de vos
princes, permettez que je vienne vous demander ce qu'il
semble que les ministres du Roi auraient dû réclamer
depuis longtemps de la générosité nationale ; ce qu'il
semble que l'honneur et la dignité de la France entière
réclament depuis longtemps.

Les troubles et les forfaits dont votre belle France a été
la proie, l'ont pendant vingt-cinq ans rendue veuve de ses
Princes, lesquels, pendant ce quart de siècle, disséminés
dans diverses contrées de l'Europe, s'y sont trouvés réduits
à recevoir des secours étrangers que les souverains ne
leur ont pas toujours fournis avec abondance, et que les
besoins de diverses natures les ont obligés d'accepter des
particuliers.

Les Chambres qui ont été convoquées après la Restauration se sont empressées par une loi du 21 décembre 1814

de voter un crédit spécial pour la liquidation de ces dettes du Monarque et des Princes chez l'étranger. Une commission a été chargée de cette liquidation et n'a pu l'étendre au-delà du crédit des 30 millions qui ont d'abord pu paraître devoir suffire. Mais il eut été trop étonnant qu'ils aient suffi à tous les besoins de sept princes et de sept princesses pendant vingt-cinq ans ! Ainsi le crédit épuisé (surtout après que la piété du Roi y eut fait comprendre une dette du Roi martyr), il s'est trouvé encore des dettes à liquider non moins légitimes que celles qui l'ont été, et leur liquidation n'importe pas moins à la justice, à l'honneur et à la dignité de la France et des augustes chefs, qu'aux besoins qu'éprouvent de généreux créanciers d'autant plus malheureux que leur liquidation se retarde davantage.

J'ai l'honneur et le malheur à la fois d'être de ces derniers, le malheur par le déficit qui se trouve depuis plusieurs années dans mon capital et dans mon revenu, à mon âge de soixante-dix ! L'honneur, parce que je me fais gloire d'avoir mérité la confiance que vos princes ont bien voulu m'accorder ; gloire des services que j'ai été assez heureux de rendre à la cause sacrée de la légitimité, contre la révolte et l'usurpation, et j'ajoute avec quelque fierté gloire encore d'avoir été constamment en butte à la haine des pervers ; arraché par eux et par une violation du droit des gens d'un territoire étranger, traîné des prisons d'Altona et de Hambourg dans celles de Paris et de Vincennes, de m'y être vu traité comme l'ami (parlons leur langage), comme le complice du dernier des Condé et de m'être attendu à partager son sort.

Chargé en 1792 des pouvoirs spéciaux de LL. AA. RR. Louis-Stanislas-Xavier et Charles-Philippe dans le pays où j'étais alors membre du corps souverain, je ne réclame ni les frais de ma mission proprement dite, ni les frais dans lesquels elle m'a entraîné. Je m'en trouve suffisamment indemnisé par ce que je viens d'appeler l'honneur d'avoir rempli une mission, et d'y avoir été utile à mes augustes commettants, par ce qu'ils appelé mes bonnes et honorables actions. Mais, au moment même où ma mission allait expirer, une circonstance est survenue où ma signature pouvant à la fois prévenir de graves inconvénients et rendre un éminent service, je n'ai point hésité : je me suis rendu caution solidaire des princes pour une somme considérable payable (disent les actes du 20 septembre 1772, revêtus le même jour des formes de la loi), après la rentrée qu'on espérait alors prochaine de LL. AA. RR. en France.

Elle n'a eu lieu qu'en 1814; les créanciers se sont empressés de réclamer leur paiement par des mémoires auxquels on n'a pas répondu. Après la seconde restauration, je suis venu moi-même; mais, privé des titres que les créanciers ne m'avaient pas confiés, et ne pouvant pas suffisamment m'expliquer, mes réclamations n'ont pas eu de succès !

Le 7 octobre 1816, j'ai été attaqué en paiement des capital et intérêts; j'ai sollicité et obtenu du tribunal les délais pour avoir le temps d'appeler les ministres du Roi à mon secours. Après les avoir en vain sollicités, il m'a fallu employer les moyens judiciaires pour dénoncer les plaintes de mes adversaires au Roi et à Monsieur et pour les appeler en intervention et en garantie. Ces actes respectueux ont eu lieu les 27 juin et 3 juillet 1817 et n'ont rien produit que de vaines promesses d'écrire à l'ambassadeur du Roi, qui n'a jamais reçu d'instructions ! Ayant épuisé tous les délais que le tribunal m'avait accordés, j'ai enfin répondu à la plainte le 15 janvier 1818, les demandeurs ont répliqué le 29, j'ai dû répliquer le 19 février; j'ai fait signifier ces trois actes du procès au Roi et à Monsieur par exploits du 17 avril 1818 et, le 19 juin suivant, le tribunal a prononcé sa sentence exécutoire, qui m'a condamné à payer en 14 jours aux créanciers du Roi et de Monsieur la somme de 409,095 fr., les frais compensés, dit le tribunal dans ses motifs; parce que les faits font voir évidemment que la dette dont s'agit ne regarde pas proprement Monsieur le défendeur, mais le gouvernement actuel de la France.

Ainsi pressé de payer en quatorze jours sous peine d'exécution une somme aussi considérable, j'ai dû vendre à tout prix ce que j'avais de fortune dans les fonds publics en Autriche, en Angleterre et en France, de sorte que, pour payer environ 420,000 francs, mes frais ajoutés au montant de la condamnation, je me suis trouvé tout à coup privé de 27,575 francs de rentes qui manquent à mon revenu depuis près de cinq ans.

Pour venir solliciter mon remboursement, il m'a fallu recourir à des emprunts et délaisser mes propriétés patrimoniales et mes affaires. La direction du ministère n'a cessé de me prodiguer de vains compliments et de plus frivoles excuses, tels sacrés qu'elle reconnut mes titres et (la *légitimité de ma créance l'a été formellement par décision du Roi du mois de mars 1819*), la liste civile n'étant pas chargée du paiement de ces sortes de dettes, ses caisses qui s'ouvraient publiquement pour des actes surpris à la munificence royale en faveur et pour dotations de tels personnages qui n'ont fait que passer ou qui passeront comme l'impie. Ses caisses n'ont pu se prêter à l'acquit des dettes personnelles du monarque à qui on se gardait bien de faire observer que quelque royale que soit la vertu de la générosité elle cesse d'être même une vertu quand elle s'exerce en oubli de la justice, la première des vertus, même royales, puisque les Rois, dit la sagesse, ne règnent que par elle et pour elle. Après deux ans et demi d'infructueuses sollicitudes, il a bien fallu à peine de ma ruine entière et de celle de ma famille dont je suis le chef et le soutien, me résoudre à recourir aux moyens judiciaires, et j'avais rassemblé les actes du procès et de la correspondance en une petite brochure destinée aux chambres et à réclamer leur protection, quand le Roi a jugé à propos de nommer un ministère de sa maison. Le nouveau ministre s'est empressé de soutenir mon affaire au conseil du contentieux d'après l'avis duquel son Excellence le 13 janvier 1821 m'a demandé que mon affaire soit traitée et terminée d'elle à moi. J'ai mis le même empressement à y consentir qu'elle avait mis à me l'offrir, nos mains comme par un élan mutuel ont scellé cet accord, et je ne suis rentré chez moi que pour faire jeter au feu l'édition entière des actes et de la correspondance. Un procès-verbal a été dressé de cet auto-da-fé et il a été remis sur le champ à son Excellence.

Dans les trois mois qui suivit cet accord, à la suite de quelques conférences où Elle me parla des charges qui embarrassaient la liste civile et des circonstances qui ne permettaient pas avant la session suivante des chambres la demande d'un supplément de crédit spécial pour achever de payer les dettes des princes à l'étranger, elle me fit pourtant accorder par le Roi une pension de 12,000 livres *par souvenirs et en récompense de mes bonnes et honorables actions* et elle me fit payer un à-compte de 50,000 francs qui, l'année dernière 1822, a été suivi d'un pareil à-compte; mais ces à-comptes (dont plus de moitié se trouvant absorbée par les frais de trois voyages, ensemble 2,160 lieues et de plus de vingt mois de séjour à Paris, éloigné de mes affaires et de ma patrie), ces à-comptes, loin de soulager mes misères, n'ont servi qu'à accroître les déficits de mon capital, de mes rentes, je suis donc revenu pour la troisième fois dans l'espérance que, sous un ministère aussi royaliste et bourbonnien que le sont la France et ses représentants, le Ministre, après deux ans de retards prolongés, serait enfin en état et en disposition de me tenir parole surtout à l'époque prête à échoir où les lois françaises vont me refuser les intérêts de mon capital en souffrance depuis cinq ans.

Depuis trois mois et plus que je sollicite après qu'ils m'ont accueilli assez favorablement le 11 novembre, ma goutte opiniâtre a rendu le ministère inabordable; il a donc fallu lui écrire, et cinq de mes lettres où je lui ai exposé l'urgence de mes besoins et des besoins mêmes sacrés de ma famille, et où je laisse encore à son entière disposition les termes du remboursement que lui-même voudra fixer, ces cinq lettres sont restées sans réponse! Il trouve mauvais que j'invite un ami commun à lui parler et il refuse de l'écouter. Sans trop vouloir découvrir comment le même ministre qui, jusque-là, m'avait témoigné autant d'égards que d'intérêt, est ainsi devenu morose, sourd et muet envers moi, ne puis-je pas croire que la mauvaise humeur de la goutte s'ajoute, sinon l'impuissance, du moins quelque difficulté à terminer notre accord, soit parce que l'horizon politique rendrait encore la demande d'un crédit spécial inopportune et prématurée, soit parce que en effet la liste civile continuerait à être embarrassée dans les dépenses qui lui sont propres, par le vide qui depuis le traité d'Aix-la-Chapelle, les vertus paternelles du Roi lui ont fait éprouver annuellement, lorsque, pour soulager le peuple et l'Etat, Sa Majesté a voulu prendre à sa charge pour plusieurs millions de dépenses qui appartenaient à d'autres départements.

Etranger, j'exprime mal peut-être le genre de remise que le Monarque *Pater atque princeps* a fait alors à la Patrie, noble exemple que son auguste famille a imité, où l'Europe a reconnu les Bourbons; et par où sans doute

la demande d'un crédit spécial qui serait accordé aujour-
d'hui aux ministres du Roi serait moins un secours que
le remboursement d'une avance.

Telle est du moins, Messieurs, l'idée que je prends la
liberté de vous soumettre et, dans la pénible situation où
je me trouve et que je viens de vous exposer, quand mon
inaltérable respect pour mes augustes débiteurs m'inter-
dit les voies judiciaires et coactives dans une affaire où le
consul même du contentieux du ministre de la maison du
Roi a reconnu que ma créance n'était susceptible d'aucune
difficulté et ne pouvait pas même être produite devant les
tribunaux *sans de graves inconvénients,* elle devait être réglée
et soldée ; et que, cependant, même après deux ans, le
Ministre se trouve dans l'impuissance de la régler et de la
solder. Il ne me reste donc qu'à venir confier mes profondes détresses à la Chambre *introuvable et retrouvée,* de
vouloir bien, autant pour l'honneur de la nation que pour
celui de ses augustes chefs voter à l'instar de la Chambre
qu'elle renouvelle un supplément de crédit suffisant pour
achever de payer les dettes des princes chez l'étranger, où
leur justice et celle de la Chambre exciteront la vive et
profonde reconnaissance des créanciers qui la réclament
avec moi, avec la confiance que la France s'est acquise par
le haut rang de loyauté, d'honneur et de générosité dont
elle jouit par les nations. Sinon et dans le cas où ce supplément de crédit ne pourrait pas être voté, sans une proposition formelle des ministres qui, malgré l'extrême
détresse où languissent les créanciers du Roi, le croiraient
intempestive et s'y refuseraient en ce moment, du moins
que pour éviter les graves inconvénients qui pourraient
naître du recours aux Cours et Tribunaux chargés de l'exécution de la loi du 21 décembre 1814, il plaise à la
Chambre supplier le Roi de rétablir la commission de
liquidation et ordonner que les sommes qui auraient été

distraites, par quelque autorité que ce soit, du crédit spécial voté par ladite loi pour l'acquit des dettes quelles qu'elles soient, autres que celles des princes chez l'étranger, soient immédiatement restituées, par qui les en aurait distraites, dans les caisses de ce crédit, pour l'acquit de ma créance et autres, auxquelles cette loi l'avait spécialement affecté. Rien n'ayant pu leur enlever aucune portion de ce gage, accordé par la France entière et par son Roi à ses créanciers légitimes et reconnus qui le réclament dans leurs profondes misères.

Paris, 1823.

Signé : Le Comte DE PFAFFENHOFFEN.

Imprimerie Ant° Boucher, rue des Bons-Enfants, n° 34,

SUPPLÉMENT NÉCESSAIRE
A LA TRÈS HUMBLE
PÉTITION
DU COMTE DE PFAFFENHOFFEN
A LA CHAMBRE DES DÉPUTÉS
SERVANT DE RÉPONSE

A ce qui touche le Pétitionnaire dans le discours de Mr le comte de Villèle, dans la séance du 13 de ce mois.

15 janvier 1827

Imprimerie Anthelme Boucher, Paris, rue des Bons-Enfants, 34.

MESSIEURS,

Présent à la séance de l'honorable Chambre du 13 de ce mois, je n'avais pas osé en croire à mes oreilles sur ce qui me concernait, dans les discours que M. le comte de Villèle vous a prononcés, à l'occasion de deux pétitions sur les dettes du Roi, qui me sont étrangères.

Mais, comme le *Moniteur* le répète et, par conséquent, me confirme ce que j'ai entendu, il m'importe, et je vous demande la permission d'y répondre. Mon honneur y est intéressé autant que la vérité.

M. le comte de Villèle vous a dit : « On nous parlait

tout à l'heure de M. de Pfaffenhoffen : eh bien! le feu Roi lui a fait payer 150,000 francs sur sa cassette et lui a accordé une pension de 12,000 francs. Cependant quels étaient les titres de M. de Pfaffenhoffen? Il a répondu, dit-il, pour des équipages de l'armée de Condé, et il vous a dit : je suis obligé de payer maintenant, et la preuve que je suis obligé de payer, c'est qu'on me poursuit. Or, tout le monde sait que, postérieurement à l'époque dont il s'agit, les corps de l'armée de Condé sont passés à la solde de l'armée anglaise et *qu'il a été opéré de fortes liquidations.* Eh bien ! *quoique le réclamant ne produise aucun titre* prouvant qu'il ait emprunté avec l'autorisation des princes, il a cependant reçu 150,000 francs et une pension de 12,000 francs. »

M. Agier : C'est une reconnaissance de la dette.

M. le Ministre des Finances : Non ce n'est pas une reconnaissance de la dette; c'est seulement un exemple de ce que j'ai dit sur les réclamations qui se fondaient sur certaines considérations; il n'y a pas de dette alors qu'il n'existe d'autre titre que les considérations qui plaident plus ou moins en faveur de ceux qui réclament, etc., etc. »

Messieurs, tout est erreur, absolument tout dans ce discours de M. le comte de Villèle, en ce qui m'y concerne; et je ne puis imputer ces erreurs qu'à son improvisation, car il a les preuves dans son cabinet; il les a eues sous les yeux et dans ses mains; il va vous donner lui-même, par le simple exposé de ce qui s'est passé entre lui et moi, la preuve de ces erreurs matérielles et formelles.

Je n'ai pas pu dire, je n'ai pas dit, je ne dirai jamais un seul mot de ce que M. le comte de Villèle me prête dans son discours. J'ai dit toute autre chose, et je m'en réfère, à ce sujet, à l'humble pétition qu'il m'a forcé de présenter à l'honorable Chambre, et qui lui sera rapportée, sous le numéro 47, avec ce supplément.

· Je n'ai eu aucun rapport, direct ni indirect, d'aucune espèce avec l'armée de Condé, qui n'est jamais approchée de mon pays. Ainsi, ce que M. le comte de Villèle cherche à insinuer contre moi, relativement *aux fortes liquidations* accordées aux corps de cette armée, qu'il dit être passés à la solde anglaise, ne peut me concerner ni m'atteindre.

· J'ai eu de grands rapports; j'ai créé l'armée de Bourbon, en usant du crédit que j'avais alors pour écarter les obstacles politiques qui s'opposaient à sa formation. Je lui ai procuré des établissements au pays de Liège, au prin-temps de 1792. C'est encore dans le pays de Liège, qu'elle a été licenciée après la fatale retraite au mois de novembre suivant. Elle n'est passée à la solde d'aucune puissance; aucune sorte de liquidation ne lui a été accordée. Ainsi, ce que M. le comte de Villèle voudrait insinuer contre moi, *à l'égard d'aucune liquidation* ne saurait me concerner ni m'atteindre.

Honoré de la confiance des princes dans le pays de Liège, par lettres de créances du 20 avril 1792, j'y ai rempli ma mission *à mes frais* et je me réfère à ma péti-tion. *Le secret* de mes augustes commettans ne m'appar-tient pas, relativement à la nature et l'origine de l'obli-gation, où je me suis rendu leur caution solidaire, par acte authentiqué par autorité de justice du 20 septembre de la même année. L'obligation était payable après leur rentrée en France, que l'on croyait alors prochaine; elle n'a eu lieu qu'en 1814.

Je ne dis pas, je suis loin de dire, comme M. le comte de Villèle me le prête gratuitement, que je suis mainte-nant obligé de payer, et que la preuve que je suis obligé de payer est qu'on me poursuit. Ma pétition, à laquelle je me réfère, vous dit que j'ai été poursuivi pour payer, par un procès commencé le 7 octobre 1816, auquel le feu Roi et Monsieur ont été respectueusement requis d'intervenir;

elle vous dit que j'ai été condamné à payer, par jugement exécutoire du 19 juin 1818; elle vous dit que j'ai été forcé, *par exécution* de payer le 4 septembre suivant; elle vous dit que, pour opérer ce paiement, j'ai été obligé de vendre 28,000 francs de mes rentes au cours de 73 !

Elle vous dit encore que, privé de ce revenu depuis plus de huit ans, appelé huit fois de Vienne à Paris, éloigné de mon pays et de mes affaires pendant quarante-huit à cinquante mois, chargé de la famille dont je suis le chef et le soutien, j'ai été obligé d'emprunter; que les termes de mes emprunts sont échus, et que ma ferme patrimoniale est en vente forcée!

M. de Villèle ajoute que, *quoique je ne produise aucun titre,* etc., etc. Messieurs je me réfère encore à ma pétition; et cependant je m'étonne toujours, et peut-être vous étonnerez-vous avec moi, des étranges erreurs qui naissent et s'accumulent dans l'improvisation et des étranges oublis de l'improvisateur.

Car j'ai produit, en originaux, à M. le comte de Villèle lui-même, l'autorisation des Princes.

Je lui ai produit ce qui vaut autorisation leur ratification de mon obligation.

Je lui ai produit leur procureur de *reconnaître et de récompenser cette bonne et honorable action.* Ce sont leurs propres expressions.

Je lui ai produit les actes du procès que j'ai soutenu; le jugement qui m'a condamné; l'obligation et la quittance du paiement.

M. de Villèle dit qu'il n'y a pas de reconnaissance de la dette ! Et cependant le ministère de la maison du Roi lui a fourni les pièces suivantes :

La décision par laquelle, sur la production des dernières dont je viens de parler, le feu Roi a reconnu la dette, le 13 mars 1819, *signé* Louis. — Première reconnaissance.

M. le marquis de Lauriston, chargé du portefeuille de la maison du Roi à la fin de l'année 1820, a, dès le mois de janvier 1821, fait vérifier la dette par son comité du contentieux, au rapport de M. l'avocat général Quéquet. — Seconde reconnaissance.

Par suite, au mois de mai suivant, le Roi m'a fait proposer, et j'ai accepté, que la dette me serait payée par portions annuelles de 50,000 francs, *à titre d'avances* par le Trésor de la couronne, dont S. M. entendant que je tinsse compte à ce Trésor, sur la liquidation définitive qui serait faite ultérieurement à mon profit, si, comme il y avait lieu de l'espérer, un supplément était accordé au crédit ouvert de 1814. *Signé* le marquis de Lauriston. — Troisième reconnaissance.

C'est à cette époque (je me réfère à ma pétition), que le Roi m'a fait une pension de 12,000 francs, qu'il m'a promis de doubler, en m'ajoutant que S. M. ne se croirait pas quitte envers moi PARCE QU'IL EST DES DETTES QUE LES ROIS MÊMES NE PEUVENT PAS PAYER. — Et M. de Villèle dit que je n'ai ni titre ni reconnaissance ! ! !

J'ai reçu *trois à-comptes* en conséquence de l'arrangement dont je viens de faire mention, et les ordonnances de paiement portent ces mots : Avance sur la créance de M. le comte de Pfaffenhoffen, pour obligations contractées pour le service des Princes en 1792. *Signé* Dénois. Quatrième, cinquième et sixième reconnaissances !

Le roi Charles X arrive au trône. Sa Majesté m'a autorisé à conférer avec les ministres des finances et de sa maison, relativement à ses dettes. (Je me réfère à ma pétition.) Le résultat de ces conférences a été qu'une commission fut nommée au ministère de la Maison du Roi pour les vérifier. La mienne y a été reconnue incontestable et telle que les principes de l'honneur et de la reconnaissance en exigeaient le remboursement. *Signé* le marquis

de Saint-Géri, Paul Château Double, Calley de Saint-Paul.
— Septième reconnaissance.

Au printemps dernier, M. de Villèle a fait décider au
Conseil du Roi que les dettes de S. M. étaient devenues
dettes de l'État, dans les attributions du ministère des
finances. Alors je me suis trouvé avoir directement affaire à
lui. Mes titres lui sont produits, tant par le ministère de la
Maison du Roi que par moi. Il les fait examiner; il les
examine lui-même; et là, *pour la première fois,* il connaît
la nature et l'origine de ma créance qu'il reconnaît à *nulle
autre pareille;* il exige un éclaircissement sur un point de
droit qui lui paraît douteux. Je lui en donne la solution
par une consultation signée *Bourguignon, Billecocq, Tripier,
Cayral, Charrier et Cochin.* Il la trouve décisive, trans-
cendante. Il prend les ordres du roi, le 9 juin; le lendemain 10, il traite avec moi; il me liquide, de sa main, à
470,997 fr. 64; il m'offre les mêmes termes de paiement
réglés par le feu roi, et qui avaient eu lieu jusqu'à sa mort.
Je les accepte et ce contrat est scellé *par nos embrasse-
ments!!!* Certes! Certes! voilà bien une reconnaissance!

Cependant M. de Villèle ne tient pas cet engagement:
d'abord parce qu'il avait voulu qu'il fût exécuté par le
ministère de la Maison du Roi, qui s'y est refusé;
ensuite parce que la somme était *trop minime* pour que
le Ministre des finances en fît une proposition de loi!...
Mais il me dit, et il m'écrivit au crayon, que je fisse régula-
riser mes titres, et que je serais payé. (Je me réfère
toujours à ma pétition.)

Par requête du 12 juillet, je m'adresse pour cette régu-
larisation à M. le Préfet de la Seine, que la loi me
désigne, et le 10 octobre j'obtins un arrêté qui me régu-
larise et me reconnaît créancier de l'État! — Neuvième
reconnaissance.

Mais dans cet intervalle M. de Villèle avait imaginé,

pour se débarrasser des créanciers du Roi, de les renvoyer à la loi de 1814, et il juge à propos de commencer par moi ce déni de justice. Il écrit en conséquence à M. le Préfet qu'il infirme son arrêté ; il lui ordonne de se déclarer incompétent et de me renvoyer à cette loi de 1814. Cette lettre est du 18 octobre ; M. le Préfet m'écrivit en conséquence le 22. Je me récrie auprès de M. de Villèle ; je ne reçois aucune réponse, et j'ai recours à votre justice, Messieurs, par l'humble pétition que j'ai eu l'honneur de vous adresser le 22 novembre.

Cependant je ne pouvais pas laisser subsister la décision de M. le Ministre des finances, qui avait infirmé l'arrêté de M. le Préfet : j'en ai appelé au Roi en son Conseil d'État, par requête du 2 décembre. Le Conseil, par ordonnance du 22, a demandé l'apport à son greffe, de l'arrêté que je réclame et de la décision que j'attaque ET M. LE MINISTRE DES FINANCES N'OBTEMPÈRE PAS A CETTE ORDONNANCE SUPRÊME ! et c'est dans cet état de choses qu'il vient à votre tribune dire à la Chambre que je n'ai aucun titre, et qu'il n'y a aucune reconnaissance de la dette ! ! !

Je m'arrête, Messieurs, je me réfère à l'humble pétition que j'ai présentée à la Chambre et dont le rapport doit lui être fait incessamment.

Mais en m'arrêtant et me confiant à votre justice et à l'honneur national, je ne puis m'empêcher de vous exprimer un étonnement que vous partagez sans doute, des étranges oublis, des étranges erreurs où l'improvisation expose les plus graves et les plus éminens personnages, autant que la vérité, la justice et les convenances.

Et si de pareilles improvisations ont lieu dans le Conseil du Roi, où personne n'est là pour les combattre, serait-il étonnant que le Roi, le plus chrétien, le plus chevalier, crût en effet n'avoir plus de créanciers tandis que le ministre de sa maison vous dit, dans ma pétition, à laquelle je me réfère toujours, QU'IL EST DANS SON CŒUR ROYAL D'ACCUEILLIR LEURS DEMANDES, *comme dans celui de son Excellence de les seconder.*

Agréez, Messieurs, l'expression de ma plus haute considération. *Signé* le comte de Pfaffenhoffen, ancien tréfoncier de Liège, ex-administrateur, prince postulé de Stavelot et Malmédy. — Paris, le 15 janvier 1827.

P.-S. — Le pétitionnaire n'a pas cru devoir faire remarquer par quelle confusion de l'improvisation, M. le ministre des finances a tellement rapproché une dette de la guerre de sept ans, ignorée du pétitionnaire, de la dette personnelle des princes envers lui, que la Chambre a pu les confondre, et croire que c'est cette dette de la guerre de sept ans dont il réclame le paiement, et qu'un comité, composé de deux honorables membres de la Chambre, aurait déclaré *incontestable.*

2ᵉ P.-S. — Et à l'occasion de cette dette de la guerre de sept ans, le chargé d'affaires de M. le prince de Neuwied arrive en ce moment chez le pétitionnaire, et l'autorise, le prie d'informer la Chambre, que c'est son sérénissime commettant qui réclame le montant de cette dette, *non comme dette de la guerre de sept ans,* mais comme dette que LL. AA. RR. Louis-Stanislas-Xavier et Charles-Philippe, ont déclarée leur être propre, en reconnaissance de l'hospitalité qu'en bravant le mécontentement de l'Empire, peu disposé alors à entrer en guerre avec la France, le père de S. A. S. a accordée dans ses états à la noblesse française, à qui elle avait abandonné ses propres résidences, et prodigué tous les secours, tellement que les princes l'appelaient *le premier allié des Bourbons malheureux,* etc.; titres qui, depuis, ont fait brûler ces mêmes résidences, piller ses sujets, ravager toute sa principauté !

Le 23 février 1818, M. le duc de Richelieu écrivait au Ministre de Prusse.

« J'ai l'honneur de vous faire connaître, M. le Comte, que l'intention du Roi est que les sommes dues aux Princes de Neuwied soient considérées *comme dettes personnelles de S. M* ; quoiqu'en raison de leur origine, elles dussent être considérées comme dettes de l'État ; elles seront donc liquidées en même temps que les dettes personnelles du Roi, qui ne l'ont pas encore été.

Le 12 novembre 1822, M. le marquis de Lauriston écrivait au prince de Neuwed :

« La créance Votre Altesse sera comprise dans une demande générale de crédit, sans que cette créance puisse être un objet de discussion aux Chambres. »

Vingt lettres ministérielles répètent les mêmes reconnaissances, DES LETTRES MÊMES DE LL. MM.

Et c'est sur des dettes ainsi fondées, ainsi reconnues par les Ministres de LL. MM. et par LL. MM. elles-mêmes, que M. le Ministre des finances, sans penser à l'honneur du Trône, à l'honneur national, à la couronne du Monarque ; sans penser que l'Europe a les yeux ouverts :

Qu'il est une autre vie, et que l'histoire est là.

A cru pouvoir exciter, non l'attention, mais l'hilarité de la Chambre et invoquer l'ordre du jour !

27 mars 1831. — Sentinelle Picarde, n⁰ 112
De l'Ex-Roi [1].

Les journaux anglais ont rendu compte d'un procès intenté devant les tribunaux écossais à l'ex-roi par le comte de Pfaffenhoffen qui depuis la Restauration de 1814 sollicite auprès de la branche aînée des Bourbons le remboursement des sommes qu'il leur a prêtées pendant l'émigration. Des équipages ont été saisis ; le défenseur de

1. Indiquée par M. Alcius Ledieu.

Charles X proposa une exception résultant de ce que son client n'ayant pas encore six mois de résidence à Holy-Rood, ne serait pas justiciable de la cour d'Edimbourg ; au fond il déclara que les objets saisis appartenaient au fils de l'ex-Roi, le magistrat continua l'affaire à la session du mois de mai.

En fournissant ces détails, un journal étranger avait nommé le débiteur *Charles Capet*, le comte de Pfaffenhofen craignant qu'on lui attribuât le choix d'une dénomination aussi peu respectueuse, protesta dans les journaux français. Sa lettre est trop riche en révélations curieuses pour que nous ne nous empressions pas de la publier :

Paris, le 13 mars 1831.

L'article du *Scatsman* du 3 courant que vous avez inséré aujourd'hui dans votre journal exige de ma part quelques explications que vous ne refuserez pas de communiquer à vos lecteurs.

Je ne me permettrai jamais de nommer mon trop infortuné débiteur autrement qu'il ne se nomme lui-même, Charles-Philippe de France, comte de Ponthieu, etc.

C'est la nécessité la plus impérieuse qui m'a réduit à réclamer judiciairement de mon royal débiteur le remboursement de la dette la plus sacrée qui fût jamais. Louis XVIII en avait réglé avec moi les paiements par parties brisées annuelles de 50,000 francs, qu'il m'a fait payer jusqu'à sa mort. Charles X ne m'a rien fait payer quoique débiteur solidaire. On se souvient de la Commission annoncée aux Chambres, créée le 2 août 1828 pour reconnaître et fixer les dettes de S. M.

Cette Commission a reconnu ma créance et l'a placée au premier rang de la première classe des dettes qu'elle a reconnues et fixées, et S. M. a approuvé cette reconnaissance.

En 1818, quand un jugement m'a condamné à payer

les dettes des princes français dont je m'étais rendu caution en 1792, j'ai vendu 28,000 francs de mes rentes
pour obéir à cette condamnation. Quand Charles X a
refusé de tenir envers moi les engagements de son frère,
j'ai vu mes propres créanciers s'emparer de mes biens et
les faire vendre à l'encan sans que la liste civile daignât
venir à mon secours. Il ne me reste de propriété qu'un
château et son parc, objet de luxe qui sont en ce moment
sous séquestre. Je suis sans pain !

Je suis allé prier, supplier, conjurer mon infortuné
débiteur de prendre avec moi tels arrangements que sa
situation lui permettrait : il s'y est refusé !..... et c'est sur
un refus que je me suis trouvé contraint de recourir aux
voies judiciaires dans lesquelles je ne m'écarterai jamais
du respect que je dois à d'aussi hautes infortunes. Mais je
suis sans pain, dans la soixante-dix-huitième année de mon
âge, et j'ai arrosé de mes larmes l'ordre que j'ai donné
d'entamer une action qui fait mon désespoir, surtout par
les révélations que la vérité m'ordonne d'opposer aux
défenses plus qu'erronées qu'on n'a pas eu honte de donner
à la Cour de la session d'Edimbourg le 18 février dernier.

J'ai, etc.

Signé : Comte de Pfaffenhoffen.

Pendant son règne, Charles X a joui d'environ 40 millions de revenus, 33 millions sur le budget de l'État et
sept en apanages, forêts, etc. Il y eut trouvé les moyens
de servir une annuité de 50,000 francs s'il en avait eu la
volonté. Il a préféré abandonner à la misère un vieillard
qui lui avait fait le sacrifice de sa fortune dans des
moments difficiles...

Od.

Dans notre première notice sur le sculpteur de Pfaff,
nous avons dit que le château de Reisemberg avait été

occupé par son fils aîné François-Simon, et, après lui, par le baron de Reichenbach, lequel fit la découverte de l'od. Cette découverte a pu intriguer nos lecteurs et, nous l'avouons franchement, nous avons dû faire des recherches pour en trouver l'explication. Nous donnons ci-dessous un extrait traduit du *Dictionnaire Mayer*.

Od, une force singulière entre électricité, magnétisme, chaleur et lumière, que le baron Charles Reichenbach prétend avoir découverte. D'après lui, l'od produit un groupe particulier d'effets perceptibles par les sens, pour lesquels jusqu'ici l'on n'a encore de mesure ni autre moyen de constatation autres que le nerf humain et encore celui-ci seulement dans les circonstances particulières d'une excitation sensitive. L'od doit ainsi être constaté des soi-dits sensitifs par le sens général, par la langue et par l'œil et cela avec une différence polaire ou comme agréablement frais, ou comme une sensation désagréablement chaude (resp. goût désagréable), selon qu'il (l'od) découle de l'un ou de l'autre des pôles des aimants, des cristaux, êtres organiques, etc.

Reichenbach explique ainsi toutes les impressions de sympathie ou d'aversion pour certaines personnes, objets, couleurs, etc., par l'od qui se montre comme flamme ou comme simple effet de lumière aux pôles d'un aimant ou électro-aimant, aux pôles des cristaux, dans le procès chimique à tous ses degrés, de sorte que, par exemple, à la suite de corruption de cadavres, paraissent des formes brillantes à la lumière du soleil ou de la lune sur les tombes nouvelles d'un cimetière, etc. Cependant tous ces effets ne purent être expérimentés que par des personnes sensitives, parmi lesquelles se trouvaient des naturalistes de renom, comme le botaniste Unger et Eudlicher et comme aussi, dans le principe, Liebig et Berzelius se disaient convaincus de l'existence de cette nouvelle force

naturelle. Mais la plup-it des physiciens de condition ont
nié l'existence d'une telle force naturelle, pendant que
quelques physiologues et médecins prétendent avoir constaté par des expériences répétées la réalité de plusieurs de
ces effets. Lire à ce sujet, outre les études de Reichenbach,
le livre intitulé l'*Od*, par Louis Büchner, publié à Darms-
tadt, 1854. Celui de M. Schner, intitulé : *Souvenirs des
derniers jours de la doctrine de l'Od et de son inventeur*,
Leipzig, 1776. Les partisans du magnétisme animal regar-
dent l'Od comme identique à ce dernier.

Actuellement, cette question de l'Od est à l'ordre du
jour à l'occasion de la photographie de l'invisible. Le physicien de Rochas s'exprime ainsi[1] : J'attendais cette découverte, dit le savant physicien, dont on connaît les très
curieuses recherches sur l'extériorisation de la sensibilité.
Je vous dirai que la photographie de l'invisible n'est pas
une chose nouvelle. Je n'en veux pour preuve que les
expériences de M. le baron de Reichenbach, expériences
qui ont dû guider le professeur Rœntgen.

Il existe dans la nature quelque chose d'infiniment
subtil que les senitifs, ou les médiums, si vous voulez,
aperçoivent, mais dont on ne connaît pas encore la nature.

Ce quelque chose qui ressemble à une flamme est inco-
lore, n'est pas lumineux et s'échappe des corps. Tout ce
qu'on en sait, c'est que ses propriétés font voir que c'est
autre chose que les agents dynamiques tels que l'électricité, le magnétisme, la chaleur, la lumière. C'est ce que
l'on désigne sous le nom de l'Od.

Un sensitif placé pendant deux heures dans l'obscurité
complète, voit après ce laps de temps des effluves se
dégager des mains, des yeux, de tout le corps d'une personne placée en face de lui. Si le sensitif est bien doué, il

---

1. *Gaulois*, le 25 janvier 1896.

verra les effluves s'échappant de la gauche du corps en bleu, et ceux s'échappant de la droite en rouge ou réciproquement.

Placés dans les mêmes conditions, les yeux du sensitif percevront les effluves se dégageant d'un aimant, d'un cristal, d'une plante, etc.

Un de mes sensitifs, dit dans un de ses ouvrages M. le baron de Reichenbach, attendait dans une chambre noire le moment où, par suite d'un long séjour dans l'obscurité, sa puissance visuelle aurait atteint l'intensité maxima. A côté de lui, séparé par une cloison en briques, se trouvait un pupitre sur lequel je m'occupais. Quel ne fut pas l'étonnement de mon sujet lorsqu'il aperçut ma silhouette se détachant brillante sur le mur et reproduisant tous les mouvements que je faisais. Vous le voyez, ajoute M. de Rochas, le baron de Reichenbach a déjà fait de la photographie à travers les corps opaques ; seulement, au lieu d'une plaque photographique, il s'était servi d'une plaque organique, la rétine de son sujet qui, à travers une cloison, avait nettement perçu les effluves d'Od s'échappant du professeur. J'aurais d'autres exemples à vous fournir, notamment mes expériences personnelles, mais cela nous entraînerait trop loin. Revenons à la découverte de Rœntgen et aux fameux rayons cathodiques, etc.

Stavelot, Malmédy.

Stavelot, en latin Stabulum, en flamand, Stablo, ville de Belgique, province à 36 kilomètres de Liège.

Malmédy, en latin Malmundarium, ville de Prusse, province du Rhin à 36 kilomètres d'Aix-la-Chapelle.

L'ancienne principauté de Stavelot Malmédy, fief de l'Empire germanique, a vécu plus de onze siècles de sa vie propre. Les monastères de Malmédy et de Stavelot

furent fondés successivement au VIIe siècle dans les soli-
tudes de l'Ardenne.

La vaste forêt des Ardennes était la plus grande propriété des rois d'Austrasie ; c'est au milieu de leurs propriétés que ces rois fondèrent les monastères autour desquels se formèrent les villes du même nom et auxquels
la principauté de Stavelot ; Malmédy doit son origine.

Dagobert remit les rènes de l'état d'Austrasie à son fils
Sigebert II ou III, qui fixa sa résidence à Metz. Sigebert
fit ériger plusieurs monastères, parmi lesquels Malmédy et
Stavelot. Remacle fut envoyé par Sigebert pour établir
celui de Malmédy en 648 ; saint Amand, évêque de
Maestricht, ayant résigné ses fonctions, Remacle fut appelé
pour le remplacer. Malmédy se trouvant dans le diocèse
de Cologne, Remacle résolut de construire un second
monastère dans son diocèse ; il passa le ruisseau de la
Challe qui formait la limite des deux diocèses et fonda
Stavelot vers 650. A la mort de Charlemagne, l'empire
fut démembré, la forêt des Ardennes fut incorporée à la
Lorraine, puis, par suite des ballottements entre les prétentions des rois de Germanie et de France, le pays fut
tantôt soumis à la domination allemande, tantôt incorporé à la France, pour passer définitivement avec Stavelot
à l'Allemagne. Sous l'empereur Othon Ier, des guerres
continuelles entre les suzerains de la Lorraine furent le
signal de l'indépendance des seigneurs lorrains. C'est
du Xe siècle, 912, que datent la plupart des seigneuries
héréditaires.

On vit alors surgir les comtes d'Ardennes, de Lothier,
de Flandres, etc., et les abbayes de Saint-Maximilien, de
Trèves, de Prume, de Stavelot, Malmédy acquérir leur
entière indépendance.

L'empereur Othon le Grand donna la Lorraine déchi-
quetée en fief à son frère saint Brunon, archevêque de

Cologne. Après la mort de ce prélat, Othon divisa ce pays en Haute et Basse-Lorraine. Le pays de Stavelot fut incorporé à l'Allemagne en 921 selon Frodoard, 923 selon Sigebert ou 924 selon Trithem et fit partie de la Basse-Lorraine. Lors de la division de l'Allemagne en six cercles, sous l'empereur Albert II, le pays de Stavelot fut incorporé dans le cinquième qui comprenait le Bas-Rhin, les Pays-Bas, la Westphalie. Maximilien Ier divisa ensuite dans la diète de Cologne, 1512, l'empire en dix cercles; le huitième, celui de Westphalie, comprenait : Cologne, Aix-la-Chapelle, Liège, le pays de Stavelot, etc. L'évêque de Munster et le duc de Juliers en étaient les directeurs. Puis vinrent les jours de la Révolution française. La principauté de Stavelot fut réunie à la France par la loi du 9 vendémiaire an IV (10 octobre 1795). Cette incorporation fut confirmée par le traité de Campo-Formio du 17 octobre 1797, ratifiée par celui de Lunéville du 9 février 1801; le pays fit partie du département de l'Ourthe jusqu'en 1814, puis, par le traité de Paris du 30 mai 1814, la petite principauté fut coupée en deux en prenant pour base le ruisseau de la Challe, démarcation des anciens diocèses. La partie qui relevait de l'ancien diocèse de Liège, comprenant Stavelot, fut incorporée dans le royaume des Pays-Bas et réunie depuis 1830 à la Belgique.

Malmédy et son canton furent cédés à la Prusse par acte du congrès de 1815 et formèrent une partie du cercle de Malmédy.

Les monastères de Stavelot et de Malmédy ont jeté un grand éclat à travers les âges, leurs écoles ne le cédaient en rien à celles de Liège.

Les abbés de Stavelot ne relevaient d'aucun évêque, mais, comme membres immédiats de l'Église romaine seulement de Rome, ainsi que dons l'ordre temporel, directement de l'empereur d'Allemagne, leur suzerain.

L'abbaye, qui ne relevait que de Rome, était formée de deux monastères égaux, Stavelot et Malmédy, frères jumeaux réunis canoniquement à perpétuité pour ne former qu'une abbaye impériale libre et exempte. Par suite de leur immunité temporelle, ces monastères libres du Census, n'en devaient pas moins le service militaire par leurs avoués quoique les Princes fussent dispensés de cette obligation. Ceci est une particularité propre au pays de Stavelot, car les abbés de ce pays étaient vraiment princes. Dans deux diplômes de Charles IV, 1376, cet empereur qualifie l'abbé Warnier d'Ocquier de Modernus princeps (originaux à Dusseedorf). Dans le grand record de la haute cour de Malmédy du 25 juin 1450, l'on voit figurer dans cette charte le souverain Henri de Mirode, prince abbé de Stavelot, comte de Logne, puis les seigneurs du pays, c'est-à-dire le chapitre de l'abbaye et le tiers état représenté par la haute cour des échevins, les mambours et les commis des bourgeois, etc. Le chapitre avait l'exercice de la puissance souveraine *(vacante sede)* et même pendant l'absence du Prince; la formule est celle-ci : MM. les Révérends Prieurs et chapitres de l'abbaye impériale, libre exempte de Stavelot-Malmédy, comme ayant le gouvernement en l'absence des abbés princes, etc.

Le Prince tenait en fief du Saint-Empire le pays de Stavelot et ses droits réguliers; il avait le *jus susianis et et suffragii in comitiis imperii differentis immunitis,* droit de vie et de mort, de grâce, le droit de battre monnaie, diplôme de Frédéric Ier de 1152, *percussuram monetæ in oppido stabulensi.* Le Prince après sa double investiture par la crosse et par l'épée ne pouvait entrer en fonctions qu'après avoir prêté le serment constitutionnel, etc. Le Prince abbé avait en outre le droit de fixer les impôts qui étaient répartis dans l'assemblée générale du pays. Cette chambre était composée des deux princes de Stavelot et

Malmédy, des chefs des seigneuries dits gentilshommes, de tous les magnas, tant héréditaires que commissionnés, de deux échevins des hautes cours de Stavelot et Malmédy, des bourgmestres des deux villes et des délégués des autres communautés du pays. Elle n'avait le droit que de consentir à l'impôt. En cas de refus, le Prince la dissolvait et fixait le taux de l'impôt, d'autorité souveraine, ce qui arriva en 1739.

Par suite de discussions monacales, le prince Egau de Furstemberg eréa par mandement du 23 décembre 1638, un conseil de régence; c'était un vrai conseil d'état représentant l'autorité souveraine du Prince. La haute Cour protesta contre la création de ce conseil ; le Prince répondit : que l'ancienneté ne faisait rien dans l'affaire, comme les bêtes pour avoir été créées avant l'homme, ne sont pas au-dessus de lui. Ce conseil persista et prit le nom de Comice privé. — Pour plus de détails, voir *Annales de l'Académie archéologique de Belgique, 1890.*

Vers le printemps de 1893, les Allemands projetèrent la création d'un camp sur le plateau des Hautes-Fagnes qui domine Malmédy. — De Stavelot, localité belge, à Malmédy, localité allemande, l'on compte dix kilomètres.

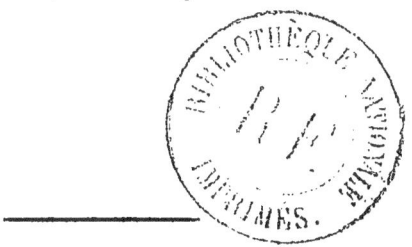

TABLE DES MATIÈRES

———

———

Achevé d'imprimer

PAR

FOURDRINIER & Cie

A ABBEVILLE

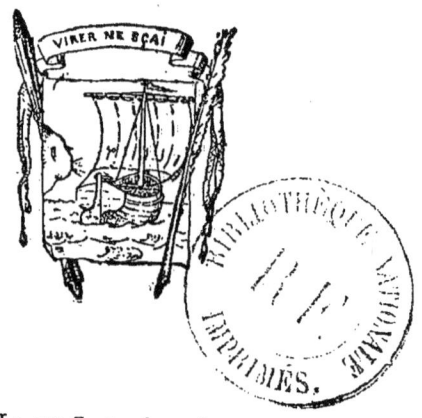

Le 1er Septembre 1897